JN017623

授業づくりサポートBOOKS

授業で
使える

小学校 中学校

ドラマ技法&アクティビティ50

宮崎 充治 監修
獲得型教育研究会 編著

導入のウォーミングアップから、
話し合い・発表の活性化まで
演劇的手法を生かした活動アイデアが大集合!

王様じゃんけん
歩いて集まれ
拍手まわし
アクションまわし
先生のやるとおり
いろいろライン
カウントアップ
白身と黄身
猛獣狩りに行こう
ガッチャン
あっちこっち
仲間集め
4コーナーズ
ウォークで挨拶
褒めちぎり
みんなの木
人間と鏡
エアー手裏剣
イルカの調教師
ヒューマンチェアー
2つのホント1つのウソ
インスタント物語の素
「他己」紹介
共通点探し
仮想会議
プロムナード
みんなで1人
音読・群読
体で情景描写
群像づくり
世界一短いスピーチ
1分間スピーチ
ショー&テル
なりきりスピーチ
即興スピーチ
CMづくり
公開インタビュー
クイズ・ショー
ニュース・ショー
ポスター・セッション
彫刻リレー
何やってるの?
ワンタッチ・オブジェ
フリーズ・フレーム
音の風景
ホット・シーティング
ロールプレイ
ティーチャー・イン・ロール
心の声
専門家のマント

明治図書

監修のことば

　本書は，私たち獲得型教育研究会が蓄積してきたアクティビティの中から，基本的で初心の先生にも使いやすいものを選りすぐって取り上げています。

　「獲得型教育」というのは，耳慣れない言葉かもしれません。日本（あるいは，日本を含む東アジア）の教育は，黒板を使って効率よく知識を教える注入型の授業に傾斜してきました。それに対して，獲得型教育は生徒が調べ，討論し，全身を使って表現するような教育＝学習を目指しています。

　「教えから学びへの転換」と言うときに，「先生は教えない」「生徒が主体的に選んだものでないといけない」などとよく言われますが，私たちはそうは考えません。教師は「教えない」のではなく，注入型とは違った「教え」を行う必要があると考えます。学びのデザインをしたり，学びを誘ったり，学びのデザインを練り直したり，学びを味わい合う，これが教師の仕事になります。

　まず教師は，「どんなアクティビティをしようかな」と構想を立てます。そして，おずおずとアクティビティを行います。チョーク＆トークの授業とは勝手が違います。教師が投げかけたら，次は子どもに任せます。子どもが動かないと学習が成立しないのです。思惑どおりの時間配分では進まないことも多いです。子どもたちから出される言葉だけでなく，身体からの表現を受け止めながら，次の手立てを考えます。この過程で，教師は構想をその場あるいは単元の枠内で練り直します。

　そして，学びの終わりには振り返りを行います。「どんなことが起こった？」(Do)，「何を感じた？」(Feel)，「わかったことある？」(Think)といったことを話し合って，学びの意味をみんなで味わいます。アクティビティの多くは集団で行い，その中で柔らかな雰囲気，受け止め合う関係性が育まれるように進めます。

　アクティビティ上手の教師は，実はチョーク＆トークも巧みです。聴き手

が身をのりだす話を構想し，反応を見て内容，話し方を即座に変えるということは，アクティビティの運用と同じだからです。

　アクティビティでは，子どもの反応，関係性がダイレクトに出ます。だから，かえって子どもの様子がつかみやすいですし，ともに振り返ること，後で自分の実践を振り返ることもしやすいと言えるでしょう。

　けれども，若い，特に新任の先生にとってはこういった授業はハードルが高いと感じられるかもしれません。子どもの動きの予想が難しく，集団のトラブルも気にかかる。ですからまずは，ハードルをできるだけ低くし，教師にとっても子どもにとっても，安心して飛び越えられることにチャレンジしてみてください。アクティビティの中には，「これやったことがある」というものもあるはずです。この本にある一番面白くて，これならやれそうだというものから始めてみてください。始めなくては身につきません。

　ドラマ技法を使った獲得型教育の究極のゴールは自律的な市民の育成です。話を黙って聞くという受け身の姿勢ではなく，自ら考え，リサーチし，仲間とともに発信していく，そのような学習を繰り返すことで自立的な学習者が育ちます。私たちは，自立的な学習者が，やがて自律的な市民として育っていくことを願っています。自律的な市民とは，思慮深く，多角的に社会のことを考え，他者と協同していくような資質と能力をもった人々です。

　アクティビティを行うと，笑いが起こり，やわらかな雰囲気が生まれ，話し合いの雰囲気が生じます。例えば，フリーズフレームを1つつくるにしても，小さな話し合いが生まれてきます。そういった情動と知性の交わりのささやかな一つひとつの積み重ねが自立的学習者，自律的市民を育てるのだと私たちは確信しています。

　本書はその第一歩なのです。ぜひ皆さん，小さなチャレンジを継続してみてください。

宮崎　充治

はじめに

何か物足りない…という授業も，「ドラマ技法」でアクティブに！

本書のメッセージ

「毎日一生懸命やっているけれど，自分の授業，何か物足りない…もっと活性化したい，子どもたちにより深く考えさせたい…」

そんな先生方を応援し，ヒントとなるような本をつくりたい，そういう願いから本書は生まれました。これから紹介するアクティビティを生かし，子どもたちの学びの経験がより深く豊かなものになるよう願っています。

アクティビティとは何か

何かを行うためには，それにふさわしい道具（手段）が必要です。同じように，学びを成立させるには，学習ツール（道具）の活用が不可欠であり，その学習ツールにあたるものがアクティビティです。

ここで言うアクティビティとは，**「さまざまなゲーム，ディスカッション／ディベート，ドラマワークなど，学習者が主体となって取り組む諸活動の総称」**（渡部淳）を意味します。

本書ではドラマ技法を主軸に，これらのアクティビティをどのように授業に取り入れていくか，その道筋を紹介していきます。ドラマ技法は第1に，あるものに「なって」現実とフィクションとの往還を可能にする点で，複眼的な見方を育てる力をもっています。第2に，身体表現とかかわりが深く，活動的で感性豊かな学習をつくり出すことができます。第3に，共同して創り上げる学習活動であることから，学習者相互のコミュニケーションを促進する働きもあります。

ここで紹介するアクティビティを学習過程に取り入れることで，全身的で共同的な学びをつくり出すヒントが得られるでしょう。この学びは，現在課題となっているアクティブ・ラーニングとも大きく重なるものです。

本書の特長

　実施しやすくやさしいものを中心に，50種類のアクティビティを紹介しています。短時間ででき，特に準備も要らないものが多く，気軽に授業場面に取り入れることができます。また，実践しやすいように，左ページでアクティビティのやり方・ルールを説明し，右ページでそれを実際に行った場面を紹介しました。単にルールを読むだけではわかりにくい活動の様子や進め方のヒントが伝わってきます。

本書の構成

　第1章は解説編です。ドラマ技法とは何か，アクティブ・ラーニングとの関係など，読者の先生が疑問に思うような事柄をQ＆A形式で説明しています。第2章は，50の技法をその効果に応じ，次の5つのグループに分けて紹介しています。必要に応じてアクティビティを選んで使うことができます。

Ⅰ　リラックスさせ，適度な集中を促す
Ⅱ　相互理解を深め，協力する力を育てる
Ⅲ　話し合いを活性化させ，表現力を高める
Ⅳ　活発な発表活動をつくり出す
Ⅴ　演劇的な表現を楽しみ，想像力を培う

本書の活用

　まずは手元に置き，必要に応じて読んでいただくハンドブックとして使ってはどうでしょう。使いやすいアクティビティを厳選したので，若手の先生や慣れていない方々にも役立てていただけると信じています。また，実践例を豊富に含んでいるので，教師研修の材料として使うこともできます。さらに，これから教師を目指す学生，教育に関心のある市民の皆さんにも，授業場面を扱う読み物として味わっていただけたらと思います。

獲得型教育研究会

も　く　じ

監修のことば　　　　　　　　　　　　　　　　　　　　　　　……002
はじめに―何か物足りない…という授業も，「ドラマ技法」でアクティブに！　……004

①章　Q＆Aでよくわかる！ドラマ技法の始め方

Q1．「ドラマ技法」って何？　　　　　　　　　　　　　　　　……012

Q2．ドラマワークって劇づくりをすることなの？　　　　　……015

Q3．学びとどうつながるの？　　　　　　　　　　　　　　　……018

Q4．表現するってどういうこと？　　　　　　　　　　　　　……021

Q5．「学びの全身化」ってどういうこと？　　　　　　　　　……023

Q6．アクティブ・ラーニングとどうつながるの？　　　　　……025

Q7．アクティビティと遊び，どう違うの？　　　　　　　　　……027

Q8．教師は何をすればいいの？　　　　　　　　　　　　　　……029

Q9．ドラマ技法って広い空間がないとできないの？　　　　……031

Q10．どこから始めればいいの？　　　　　　　　　　　　　……034

2章 ドラマ技法&アクティビティ50

Ⅰ リラックスさせ，適度な集中を促す

01 王様じゃんけん 【中学校1年 数学】 ……038

02 歩いて集まれ 【小学校3年 国語】 ……040

03 拍手まわし 【小学校5年 特別活動】 ……042

04 アクションまわし 【小学校6年 特別活動】 ……044

05 先生のやるとおり 【中学校 特別活動】 ……046

06 いろいろライン 【小学校3年 体育】 ……048

07 カウントアップ 【中学校1年 理科】 ……050

08 白身と黄身 【中学校1年 特別活動】 ……052

09 猛獣狩りに行こう 【小学校4年 特別活動】 ……054

10 ガッチャン 【小学校3年 体育】 ……056

Ⅱ 相互理解を深め，協力する力を育てる

11 あっちこっち 【中学校1年 特別活動】 ……058

12 仲間集め 【小学校5年 社会】 ……060

13 4（フォー）コーナーズ 【中学校2年 英語】 ……062

14 ウォークで挨拶 【中学校2年 英語】 ……064

15 褒めちぎり 【中学校2年 英語】 ……066

16 みんなの木 【小学校3年 特別活動】 ……068

17 人間と鏡 【中学校1年 理科】 ……070

18 エアー手裏剣 【小学校3年 総合的な学習の時間】 ……072

19 イルカの調教師 【小学校2年 特別活動】 ……074

20 ヒューマンチェアー 【小学校5年 体育】 ……076

Ⅲ　話し合いを活性化させ，表現力を高める

㉑　２つのホント１つのウソ　　【小学校６年　総合的な学習の時間】　……078

㉒　インスタント物語の素　　　【小学校６年　国語】　……080

㉓　「他己」紹介　　　　　　　【中学校３年　英語】　……082

㉔　共通点探し　　　　　　　　【中学校２年　英語】　……084

㉕　仮想会議　　　　　　　　　【中学校３年　英語】　……086

㉖　プロムナード　　　　　　　【中学校３年　特別の教科 道徳】　……088

㉗　みんなで１人　　　　　　　【中学校２年　社会】　……090

㉘　音読・群読　　　　　　　　【中学校３年　特別活動】　……092

㉙　体で情景描写　　　　　　　【小学校１年　国語】　……094

㉚　群像づくり　　　　　　　　【小学校５年　社会】　……096

Ⅳ　活発な発表活動をつくり出す

㉛　世界一短いスピーチ　　　　【小学校１年　特別活動】　……098

㉜　１分間スピーチ　　　　　　【中学校２年　英語】　……100

㉝　ショー＆テル　　　　　　　【小学校１年　特別活動】　……102

㉞　なりきりスピーチ　　　　　【小学校２年　生活】　……104

㉟　即興スピーチ　　　　　　　【中学校１年　理科】　……106

㊱　ＣＭづくり　　　　　　　　【中学校３年　社会】　……108

㊲　公開インタビュー　　　　　【中学校２年　総合的な学習の時間】　……110

㊳　クイズ・ショー　　　　　　【中学校３年　社会】　……112

㊴　ニュース・ショー　　　　　【中学校１～３年　総合的な学習の時間】　……114

㊵　ポスター・セッション　　　【中学校１～３年　総合的な学習の時間】　……116

V 演劇的な表現を楽しみ，想像力を培う

㊶ 彫刻リレー 【小学校2年 国語】 ……**118**

㊷ 何やってるの？ 【小学校5年 体育】 ……**120**

㊸ ワンタッチ・オブジェ 【中学校1・2年 特別活動】 ……**122**

㊹ フリーズ・フレーム 【小学校6年 総合的な学習の時間】 ……**124**

㊺ 音の風景 【小学校5・6年 特別活動】 ……**126**

㊻ ホット・シーティング 【中学校1年 理科】 ……**128**

㊼ ロールプレイ 【中学校3年 特別活動】 ……**130**

㊽ ティーチャー・イン・ロール 【小学校2年 生活】 ……**132**

㊾ 心の声 【中学校2年 特別の教科 道徳】 ……**134**

㊿ 専門家のマント 【小学校5年 社会】 ……**136**

おわりに—アクティビティの運用能力を高めて，深みのある授業を！ ……**138**

獲得型教育ブックガイド ……**140**

Q&Aでよくわかる！
ドラマ技法の始め方

「ドラマ技法」って何？

ドラマ技法とは一言で言えば何かに「なってみる」こと。
なって考えたり，話したり，動いたりしてみることです。
例えば，歴史の学習で考えてみましょう。
「1582年，天下人として君臨していた織田信長が，京都の本能寺で家臣の明智光秀によって攻められ自害しました」
という教科書によくある記述だけではちょっとつまらないですね。
ドラマ技法でこの事件を扱えばどうなるでしょう。

明智光秀役になった子どもに椅子に座ってもらい，みんなで質問します。
「どうしてあなたは織田信長を裏切ったのですか？」
「恨みがあったのですか？」
「それとも，何か他の理由があったのでしょうか？」
椅子に座った子どもは調べ学習（リサーチ）をもとに自分の考えを，明智光秀として答えていきます。
「私は信長のやり方に我慢ができなかったのです。それは…」
などと光秀になりきって答えます。
この技法を「ホット・シーティング」と言います。ドラマ技法の中でも代表的なものの一つです。

もちろん，授業の中でいきなりホット・シーティングを行うわけではありません。単なる思いつきや根拠のない意見交換に終わってしまうことのないよう，質問する側もされる側も事前にしっかり調べ学習を行うことが大事です。例えば本や資料，あるいはインターネットで調べるなどして，基礎知識を身につけて自分なりの見方や考え方をもちます。こうしてから質問したり

答えたりすることで，やりとりが史実に沿ったものになり，より深い理解につながっていきます。

　ホット・シーティングは，応答する力よりもむしろ，質問する力が求められます。「いい質問」をすることが学びを深くするのです。このことを体験すれば，質問―応答のドラマチックな展開に子どもたちは引き込まれ，より広く深く考えるような授業になっていくでしょう。

　ドラマ技法を使った学習（ドラマワーク）では，ある役柄を演じることで対象に迫り，その立場に立って考えたり感じたりします。子どもたちは目に見える世界とは別の，「もう一つの世界」を手に入れることができます。
　この学習方法によって，知識中心で受動的な学習は，身体を使う活動的で感性豊かな学習に変わっていきます（学習の全身化）。また，個人個人バラバラな作業であった学習を，子ども同士が助け合い，刺激し合い，力を合わせてドラマ化することで，共同的な学びにしていくことができます（学習の共同化）。
　次ページに主なドラマ技法を紹介します。この他にも多くの技法があるので，興味のある方は『学びを変えるドラマの手法』（旬報社，2010年）を参考にしてください。

（渡部淳『アクティブ・ラーニングとは何か』岩波書店，2020年）

主なドラマ技法（コア・アクティビティ）

1	フリーズ・フレーム （静止画）	身体を使って，イメージを写真のように表現する。できあがったものを見せ合い，テーマを考えたり，振り返りをしたりする。
2	ロールプレイ	自分でないものになって，場面を演じる。身体を使って何かになる入門的な技法として幅広く活用される。
3	ホット・シーティング （質問コーナー）	ホット・シートに座った人が，ある登場人物（ときにはモノ）や動物になって，周囲の人々の質問に答える。
4	マントル・オブ・ジ・エキスパート （専門家のマント）	子どもが専門的知識をもった個人・グループになったつもりで，設定された課題に関する知識や解決策を提案する。
5	ティーチャー・イン・ロール （教師も演技）	教師自身が，ある場面の登場人物になって演じることで，子どもをフィクションの世界に招き入れる。
6	ソート・トラッキング （思考の軌跡）	場面がフリーズした状態をつくり，登場人物のその瞬間の内面の状態を言葉や身振りで語らせる。「スポットライト」とも言う。

ドラマワークって
劇づくりをすることなの？

そもそもドラマワークとは何でしょうか。

演劇の教育には，学芸会の劇指導など上演そのものを目的とするシアターの教育（演劇教育）と，上演をすることを必ずしも目的とせず，演劇のもつ作用を効果的に利用して学びに活かすドラマワークとがあります。

ドラマワークでは演劇的な方法を使いますが，演劇教育とは目的が異なっています。

例えば演劇教育であれば，演劇作品をいかに演じるかという表現の洗練が重視されますが，ドラマワークでは参加者が演じる中で経験し，そこで得たことを重視します。また，演劇では参加者が作品世界に固定されるのに対し，ドラマワークでは，現実と架空の世界を自在に往復し，ものの見方を広げ深めることが目的になります。さらに，ドラマワークはさまざまな教科や道徳，課外活動などの学校教育や社会教育などに応用しやすいことも，その特徴の一つです。次に，国際理解教育に適用された例を紹介しましょう。

実践紹介「銃で撃たれた日本人高校生」
①導入

中学校2年生を対象に，総合的な学習の時間で行いました。国際理解教育の一環として「アメリカ銃社会」の問題を扱います。1992年，ホームステイ先のアメリカ南部でハロウィーンで誤って違う家（ピアーズ氏宅）に入り込み，銃で撃たれて亡くなった日本人高校生服部剛丈君の事件が題材です。

ことの顛末を詳細に説明し，「こんなことがあったんだよ」というのは簡単ですが，ただ知識を与えられるだけでは他人事で終わりがちです。

そこで，次のように投げかけます。

『この事件はとても怖くて悲しい事件です。皆さんは，人の命が銃によって奪われた重みを感じながら，このアクティビティに参加してください。では，場面をよく理解するために，撃たれる直前，被害者加害者も含め，どんな動きでどんな言葉が発せられたか考えてみましょう』

意見を出し合い，すり合わせ，緊迫した場面をみんなで構築してみます。余計なセリフはカットし，きっとこうに違いないというところまでつくり込みます。

『次にそれを実際に動いて言ってみましょう。言った後，そのポーズでとまるんだよ』

②表現することによる学び

〈登場人物とセリフ〉

ピアーズ夫人：あの人誰？　知らない人だわ！　あなた，銃を持ってきて！
ピアーズ氏　：(銃を手に) おいとまれ！　近づくな！
服部君　　　：こんにちは〜。ハッピー・ハロウィーン！
ホームステイ先の息子：だめだ！　ヨシ (服部君)，戻ってこい‼

子どもたちはそれぞれが担当する役になり，セリフを言ってフリーズ (静止) します。

教師がピアーズ夫人役の子どもに近づき，

『どうして「銃を持ってきて！」という激しい反応をしたんですか？』
と尋ねます。

　子どもは即興で答えます。

「最近このあたりは治安が悪くて心配だったんです。知らない人間が現れ
たので怖かったです」

　次にピアーズ氏にスポットライト。

『なぜ服部君を撃ってしまったんですか？』

「とまれと言ったのにどんどん近づいてくるので，怖くて思わず撃ってし
まいました」

　子どもたちはその状況に置かれることで，真剣に想像して考えます。そし
て，自分なりの考えを表出していきます。上手に演じる必要はありませんし，
人に見せるためにやるのでもありません。

　場面を設定し，当事者になってみます。そのときの気持ちが演じる者に伝
わり，事件の深刻さ，複雑さを，身をもって感じることができます。

③振り返り

　グループごとに入れ替わり立ち替わり演じてみて，その後感想を出し合い
ます。第三者的に外側から事件を見ていたのが，視点が変わり，解釈が深ま
ります。見方が多角的になり，最初とは違う意見も出てくるかもしれません。
これをきっかけに歴史的背景や法規制の仕組みなど，興味・関心も広がりま
す。

　演技を「してみる」ことをとおして湧き上がった「想い」を，みんなで共
有し，学びを深める。このような効果をねらって行うのが，ドラマワークで
す。

（渡部淳編『中高生のためのアメリカ理解入門』明石書店，2005年）

学びとどうつながるの？

　従来の授業スタイルは一言で言えば，教師主導で，子どもたち
は受動的であり，知識中心で静的な授業でした。しかし，現代の
教育は全体の比重をアクティブ・ラーニング（主体的・対話的で
深い学び）に大きく寄せていく必要があります。

　アクティブ・ラーニングを目指す教育技法にはさまざまなものがあります
が，獲得型学習は，ドラマワークをその特徴としています。ここで言うドラ
マワークは「～になって」考えたり，動いたりする活動のことです。
　それは現実のリアルな世界とフィクションの世界を往還しながら学ぶ活動
です。子どもたちはドラマワークを通じて，表現することの充実感と楽しさ
を味わい，協力して何かを創造し，五感や想像力を働かせて考える経験をし
ます。そして，その表現をつくるプロセス，表現をすることで得られる理解
のプロセス，また，つくり上げた表現を味わったり振り返ったりするプロセ
ス，それぞれのプロセスで学びが起こるのです。
　ドラマワークと言っても，授業すべてにドラマ技法を持ち込まなくてもよ
いでしょう。普通の授業に短いドラマ技法をほんの少し取り入れるだけで，
授業の質が変わってきます。ぜひ試してみてください。
　次に，技法「フリーズ・フレーム」を取り入れた実践例を紹介します。

実践紹介「みんなで〈最後の晩餐〉になろう」
①導入
　高校1年の美術の実践です。レオナルド・ダ・ヴィンチの「最後の晩餐」
の授業を行います。ほとんどの子どもはこの絵を知っています。しかし，
『見た感想はどう？』と尋ねてもあまり反応がありません。では，みんなで

この絵になってみましょうと提案しました。

②グループづくり

　この絵は中央のキリストをはさんで左右に3人グループの弟子たちが2組ずつ配置され，計13人で構成されています。絵と同じようにキリストと弟子グループをつくります。

　長いテーブルを2つ並べ子どもたちはすし詰め状態で座ります。絵の人物名と番号を決めます。

「3番だから俺はマタイ」

「私はトマス」

　ここで，各自に自分の扮している人物のセリフを考えてもらいます。

「俺の料理はどこだ」

「もう一つくれよ」

など，にぎやかな食卓が再現されました。

③キリストの重要なセリフ登場

　『さあ，皆さんはキリストに教えを請う使徒たち。逆境にあってもかたい絆で結ばれた仲間です。ところが，ここでキリストが意外な言葉を口にします。何と言ったのでしょう？』

子どもたちは沈黙のままです。

『その言葉とは，「この中の１人が私を裏切るだろう」です』

子どもたちは意外な言葉に衝撃を受けた様子です。

『この言葉を念頭に置きながらもう一度絵を見ましょう。そして，自分の役柄の人物は何と言っているか書き出してください。それをもとに，3人グループで話し合ってください』

キリストの言葉を聞き，子どもたちの見方に変化が起きます。

「誰だ，裏切り者は」

「ええ!?　俺じゃないよ」

「まさか私を疑っているんじゃないでしょうね」…。

④もう一度名画に

このキリストの言葉を聞いてから，もう一度全員で「最後の晩餐」の絵を再現します。すると，絵に対してさまざまな気づきが出てきます。画面中央のナイフを持つ不気味な手の存在に気づき，これは誰の手かと議論になったり，実際に並んでみると立ち位置がとても不安定で「こんな姿勢できないよ」という声が上がったりします。

実際に絵と同じ構図を組むことで，子どもは単なる絵画鑑賞を超え，疑問をもち，作品の意図やそこに込められた意味を探究し始めたのです。

授業の最後にもう一度（苦しい姿勢ですが，がまんして）「3，2，1，フリーズ（固まれ）」で静止画をつくり，この授業は終了しました。

「フリーズ・フレーム」は，あるストーリーの決定的場面を静止画写真として表現する技法です。この実践のように，示された絵や写真を再現する場合もありますし，ある場面を写真のように演じることもあります。静止画だから動かないしセリフもありません。シンプルでイマジネーションが湧きやすい技法です。

（渡部淳＋獲得型教育研究会『学びを変えるドラマの手法』旬報社，2010年）

表現するってどういうこと？

アクティブ・ラーニングのような新しい学びには，「表現」することが大事だと言われています。それはなぜでしょうか。

学んだことを他者に伝えるためには，自分の中で知識を再構成しなくてはいけません。他者の存在を想定し，わかりやすく，興味の湧く表現を制作することが心がけられ，互いに発表・表現し合うことで学びは共有されます（共同的な学び）。特にドラマワークは，身体をとおして表現をする中で，新たな気づきが生まれやすいものです。表現─理解─表現…という螺旋構造で学びが深まっていきます（全身的な学び）。

表現の形には大きく分けて３種類あります。１つ目は言葉による表現（レポート，スピーチなど），２つ目はものによる表現（ポスター，パワーポイント，造形物など），３つ目は身体による表現（ドラマ技法の発表など）です。この３つのモードを自在に使えれば，表現活動のバリエーションは飛躍的に増します。次に示すのは，身体と言葉（ロールプレイ）だけでなく，もの（ペープサート）も使った実践例です。

実践紹介「こんたろう，このあとどうする？」

小学校１年　道徳の授業。テーマは「礼儀」で教材は『いなりやまのこんたろう』（文溪堂）です。きつねのこんたろうは愛想が悪いため，運動会が行われても村の誰にも声をかけてもらえないところから始まります。

①教師の発表

教師は，登場人物のペープサートを動かしながら，こんたろうともぐら，こんたろうとうさぎなど順番にセリフを語っていきます。その後で子どもた

ちに，『こんたろうはどうして挨拶をしないのかな？』と問いかけました。すぐさま挙手をして発言したのはしょうたでした。「こんたろうは『言いたくない』と思った」と言います。しょうたは普段から強い言葉遣いをする子で，周りの子たちと同じ行動をとるのが苦手です。他の児童との間に少し溝ができています。自分から周りの子たちに挨拶することも苦手です。

　次に，楽しそうな運動会風景の拡大コピーを黒板に貼り，そこに悲しそうな顔をしたこんたろうのペープサートを出します。『こんたろうには誰も声をかけてくれません。こんたろうは，どんなことを思ったかな？』と言うと，しょうたは，「みんなに挨拶されなくて悲しい」と発言しました。他の子たちも，「つらいな」「みんなの中に入りたい」などと発言。その発言を聞いてしょうたは，「僕もみんなの中に入りたいです」と発言しました。

②子どもたちの発表

　『さあ，君たちものねずみとこんたろうになって，会話をつくってみましょう』とここからは子どもたちにも発表に参加してもらいます。あっという間に全部で7つの会話がつくられました。しょうたのペアが真っ先に発表。2人でペープサートを持って発表します。

のねずみ・しょうた：おはよう。
こんたろう・他　　：おはよう。
のねずみ・しょうた：僕玉入れに出るの。君は？
こんたろう・他　　：僕もだよ。
のねずみ・しょうた：君はどうしてみんなから挨拶されないの？

　この発表の中で，普段挨拶しないしょうたが，自分から挨拶する姿にみんなが驚きました。また，しょうたの最後のセリフには，自身の経験が込められていたのでしょう。ペープサートに自分の思いを投影して，しょうたは語りました。役に入る中でしょうたは普段の自分とは違う自分を演じ，クラスの仲間はしょうたの心の底にある思いを感じたのです。

（渡部淳＋獲得型教育研究会『教育プレゼンテーション』旬報社，2015年）

「学びの全身化」って
どういうこと？

　教材を単に読んだりするだけではわからないことが，身体を使って表現してみると，「なるほどそうだったのか」と理解できることがよくあります。また，自分には縁遠いと思っていたことが，その役を演じることでグンとリアルに感じたり，考えさせられたりすることがあります。

　学びとは何でしょうか。与えられた知識を吸収し，増やすことだけが学びではありません。五感を駆使して感じ取ったり，知識を加工してそれを身体表現につなげたりすることは，学びを深めます。「学びの全身化」とは，全身を使って表現することで感じ，気づくことから生まれるような学びです。
　表現することで高校生たちが自分の今を見つめ直した実践を紹介しましょう。使われるドラマ技法は「専門家のマント」です。子どもたちが専門家になりきって，解決策を考えていく技法です。マントは，昔の弁護士や学者など専門家がマントを着ていたイメージから由来しています。

実践紹介「高校生が『牛の先生』になりました」

　ある農業高校2年での，国語の実践です。この農業高校はいわゆる「底辺校」で，生徒たちの自尊感情も学習意欲も低い状況でした。

①導入

　国語表現のテーマとして，「思いを言葉にして伝えよう」を選びました。小学生との交流学習が目標です。生徒たちは「ザ・先生」となって取り組んでいる実習の様子を説明します。生徒たちは専攻している大家畜，中家畜，野菜，果物，草花といったことについてはそれぞれがかなりよく知っていま

す。そこで専門家＝「ザ・先生」になってもらい，自分たちの学んでいる分野を小学生にわかりやすく，そして楽しく伝えることを課題にしました。

②生徒たちの話し合いと質問タイム

　大家畜グループの話し合いを紹介します。「やっぱり『ザ・先生』は大石だよな」「ダイゴロウ（飼育している牛）のことも生まれたときから知っているし」「去勢のことや受精のことも一番詳しく説明できるしね」と大石君に決まりました。同じグループの生徒が進行役を買って出ました。「皆さん，大石君に牛について何でも聞いてください」と質問タイムが始まりました。

Ｑ：牛にとって一番つらいことは何ですか？

Ａ：それは去勢の手術です。牛は本当につらいらしく腰をぬかす奴もいます。

Ｑ：牛の好物は何ですか？

Ａ：生の草です。フレッシュな草が一番好きです。でも，生だと水分が多くなり肉の脂肪が黄色くなったり，牛乳の脂肪分が下がったりするので生の草は食べさせません。

　牛に関するさまざまな質問に専門家として具体的に説明する大石君に，多くの生徒から感動の拍手が起こりました。

③振り返り

　話を聞いたある生徒は，「僕は今まで，ただ何となく，いろいろな実習をやってきました。毎日の経験の意味とか深く考えたこともありませんでした。大石君の話を聞いてから，自分の世話している野菜のことを，もっと知りたい」と感想を書きました。授業ではこの後，中家畜，野菜，果物，草花専攻の代表も発表を続け，さらに小学校との交流学習へと発展していきました。この交流授業で小学生からわかりやすい，面白いと好評を得た高校生たちは，少しずつ自分たちのやっていることに自信と誇りをもち始めました。

（渡部淳＋獲得型教育研究会『学びを変えるドラマの手法』旬報社，2010年）

アクティブ・ラーニングと
どうつながるの？

　2020年完全実施の学習指導要領で文部科学省は，アクティブ・ラーニングを「主体的・対話的で深い学び」と言い換えています。

　確かにアクティブ・ラーニングは必要だと考える人が多いです。では，どうすればそれが実現できるのでしょうか。

　いくら目的が立派でも，手段が有効でないとその目的は達成されません。子どもにただ活動しなさいと言って，活動ができるものではありません。アクティブ・ラーニングは，アクティビティ（学習技法）を使って構成されています。そのアクティビティを自覚的に使うことで，初めて，主体的・対話的で深い学びが実現できると私たちは考えています。

　獲得型授業ではアクティビティを，機能に応じて４つのグループに分けて捉えています。ドラマ技法もその一つです。次のページの図を見てください。

　まず自分で問いを立て，調べ，まとめることが自学のトレーニングです。だからリサーチワーク（調べ学習）が図の中心に置かれています。その中で学習者は本や資料，インターネット，アンケートなどで情報を集め，分析し，レポートやポスターなどさまざまな形でまとめる作業を行います。時には子ども自身が互いにリサーチのリソースとなることもあります。リサーチワークは学習の中心作業であり，学習する事柄の事実性を保証します。

　その周囲に置かれる３つの技法グループがプレゼンテーション（発表）技法，ディスカッション／ディベート（話し合い）技法，そしてドラマ技法です。これらは「参加・表現型学習」に対応しています。

　図の中の矢印は，技法の関係性を示しています。各技法は個々に独立したものではなく，重なり合い混ざり合い，相互に促進し合い支え合う関係です。

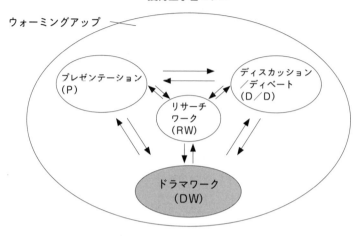

獲得型学習モデル

例えば，あるテーマをリサーチし，グループでディスカッションしたら，再度調べる必要を感じ，またリサーチに戻ることもあります。さらに，当事者の立場に立って考えるためドラマワークを行い，リサーチだけではわからなかったその人物の気持ちや状況を深めることもあります。このように技法間の「行きつ，戻りつ」が自然に行われます。

こういった学習を成り立たせるためには，発言が自然に受け入れられる安全・安心の空間が必要です。学習者の人間関係をほぐし，学びの場を温め，「思いを声に出す勇気，動き出せる身体」を準備するためのアイスブレイクやウォーミングアップを第5の技法として置いています。

以上の5領域を必要に応じて組み合わせ，授業を構成していきます。これが獲得型学習であり，アクティブ・ラーニング実現の道だと考えています。

読者の皆さんも，実はこれらのアクティビティを行っているのではないでしょうか。その効用と目的を考え，アクティビティを選択したり，組み合わせたりするといった自覚的な運用がアクティブ・ラーニングを支えます。

上記の図は，アクティブ・ラーニング全体の「見取り図」になります。

（渡部淳『アクティブ・ラーニングとは何か』岩波書店，2020年）

アクティビティと遊び，どう違うの？

アクティビティ（学習技法）と，遊びの違いは何でしょう。「みんな，いい子にしていたらご褒美にアクティビティやるからね」など，アクティビティを単なるお楽しみとして捉えている場面を見聞きすることがあります。

確かにこの2つは重なる部分が多いです。しかし，遊びと学習技法としてのアクティビティは目的が違います。遊びはみんなが一緒に楽しみ，関係性を培うこと自体が目的です。一方，アクティビティは関係性を培いながら，ある学習目的を達成することが目的となります。

したがって，学習のねらいを考え，それにふさわしいアクティビティを選び，活動を組織していく必要があります。アクティビティの中には楽しいものもあれば，中には真剣に向き合うことを迫られるようなものもあります。

実践紹介「先生がいじめを目撃したとき」

①準備

大学3年生向けの教育学演習の授業のひとこまです。多目的室に大きく円を描くように，6グループが陣取ります。

『今日のテーマはいじめです。みんなでドラマを創作してみましょう。場面設定はこうです。主人公はユウジとノリオで中学校1年生の男子2人。元々仲の良かった2人が何かのきっかけでいじめ—いじめられの関係になってしまいます。6グループに異なる場面を割り振りますので，全体が一つのドラマになるようにそれぞれ1〜2分のドラマをつくってください』

発表は静止画—動画—静止画の構成です。各グループには以下の6つの場面を割り振ります。

『20分で各場面の流れを相談し，リハーサルまでやってください』
　あちこちで一斉にグループワークが始まります。

1：2人が仲良くしている　　　2：いじめのきっかけが生まれる
3：いじめが始まる　　　　　　4：ユウジの家族が不審を抱く
5：先生がいじめに気づく　　　6：いじめがさらにエスカレートする

②発表

　グループワークが終わり，教師の合図でグループが順にその場で演じ，一連のドラマが浮かび上がります。静止画－動画－静止画という構成なので，静寂の中で演技が始まり静寂が訪れて終わります。

1：卒業が近づいた小学校6年生の教室風景。中学のことが話題となり2人で野球を続けようと語るユウジとノリオ。
2：中学校。勉強のできるユウジを教師がえこひいきし，しらける教室。
3：休み時間，ノリオが先頭に立って，教室にあったユウジのノートをこれ見よがしに破り捨てる。
4：夕食の場面，最近表情の暗いユウジの様子を心配する家族。
5：数学の時間，背後からユウジに物を投げるなど嫌がらせが続く。教師が気づき注意する。
6：放課後の公園。4人に取り囲まれ，万引きをするように迫られるユウジ。

　一度演じた後で，この公園に偶然教師が通りかかるという設定で場面6だけをもう一度演じてもらいます。このような場面に遭遇した教師の対応を考えてもらうためです。

③振り返り

　ドラマワークを終えた後，全員で車座になって振り返りを行います。「すごい臨場感があった」「周りの人もいじめに加わっていくところが怖かった」「教師として何をすべきか真剣に考えた」などの感想が出されました。

（渡部淳＋獲得型教育研究会『学びを変えるドラマの手法』旬報社，2010年）

教師は何をすればいいの？

　伝統的な一斉授業では教師にどのような力が期待されていたの
でしょう。教師は子どもたち全員から見える位置，教壇という一
段高い場所に立ち，全員に聞こえるように大きな声で話します。
授業の「めあて」を提示し，「展開」し「まとめ」る，つまり，「知識の伝授
者」としての教師が期待されていました。

　アクティブ・ラーニングの授業では，学習の中心は子どもであり，子ども
は能動的で活動的で，体験を重視し，共同的であることが求められます。教
師の役割は彼らの知的探究を支え，自立を促すこととなります。「教えない」
ということではありません。教えるものの内容と質が変わるのです。

　教師に求められるのは，1つ目は学び合う場，探究する場を整える仕事で
す。まず，授業に応じてアクティビティを組み合わせ，授業をデザインする
こと。学びの意欲を喚起すること。また，人間関係をつくっていくことも，
教育活動として自覚的に位置づける必要があります。

　2つ目は学びを促進する仕事です。活動の場面では，前に出るのではなく，
むしろ，自分の気配を消しながら巡回することが多くなります。注意を払う
のは個々の子どもや各グループの学習状況です。学習課題を理解し，活動に
滞りがないか，子ども同士の関係性はどうなっているかに目を配ります。質
問や相談には，他の作業の邪魔にならぬように穏やかな声で応じます。すぐ
さま答えを与えるよりも，考え方や目標にたどり着くヒントをアドバイスす
ることが教師の役割になります。

　アクティブ・ラーニングにおいては，教師は学習活動のリーダーではなく，
子どもたちの探究の手伝いをするファシリテーターなのです。

そのような教師に必要なのは観察力，コメント力，そして，柔軟性です。学びにおいては最終的な答えだけが大切なのではありません。学習活動の中で行われる思考，アイデア，話し合い，アクティビティなどの過程（プロセス）の中に学びがあります。活動をじっくり観察しましょう。その様子を丁寧に見聞きするだけでも，子どもたちにはよい効果があります。

　そして，時に応じて前向きなコメントを心がけたいところです。つまずいたり，うまくいっていなかったりする場合も，チャレンジとして捉えて，アドバイスをします。よいタイミングで行われる適切でポジティブなコメントは，子どもたちへの励ましになり，学習活動はさらに活性化されるでしょう。

　アクティブ・ラーニングでは，授業は〔教師─子ども〕だけでなく，〔子ども─子ども〕のかかわりの中でもつくられていきます。子どもにとっての学習の個別性や自由度の高いこのような学びでは，あらかじめ予想したコースをたどる場合もあれば，思ってもみなかった方向へ展開することもあるでしょう。

　そのようなとき，ただちに否定せず，そのことの意味を深く捉える懐の深さをもちたいところです。子どもたちの動きがねらいからずれて，迷走しているのか，教師のねらいを超えるような提起なのか，その動きは今の授業で行うべきか，別の機会に委ねるのか…。そういった進行中の授業の状況をつかむ力や，即興的に授業進行をデザインし直す力をつけたいものです。

　アクティビティを活かした授業をつくるためには，教師自身が学習者としての体験を積むことが必要です。子どもと同型の学びを行うのです。知識伝達型の授業との違いを感じられるような，ワークショップなどの学びの場に出かけてほしいものです。参加する中で学び手としての感情，つまずきや達成感を味わうことができます。本を読むだけではなく，体験する中でこそ，アクティビティ運用能力は磨かれます。

（渡部淳『アクティブ・ラーニングとは何か』岩波書店，2020年）

ドラマ技法って
広い空間がないとできないの？

ドラマ技法をはじめ，さまざまなアクティビティをしようとすると，気になることがいくつか出てきます。
　例えば，

・場所について（どこでやればいいの？）
・時間について（いつやればいいの？）
・子どもたちについて（あの子たちやってくれるかな？）
・自分について（私ができるのかな？）
・同僚・保護者について（周りの人たちからどう見られるかな？）

…などなど。ちょっと考えてみましょう。

①場所

　アクティビティを行う場所ですが，普段の教室そのままでできるものの方が多いです。話し合いのときには机やイスをちょっと集めてグループをつくればいいし，発表のときにはみんなの机を少し後ろに下げて発表スペースをつくればいいでしょう。

　もちろん，広いスペースを必要とするアクティビティもあります。そんなときは各学校の体育館やオープンスペース，空き教室などを使わせてもらったらどうでしょう。

②時間

　アクティビティは準備がかなりかかるものから，準備なしですぐにできてしまうものまで，多種多様です。「ドラマワークをやるぞ！」と意気込んで

031

１時間の授業すべてをアクティビティで埋める必要はありません。授業の中のほんの５〜10分間を使って，１つの短いアクティビティを行うのでもよいでしょう。

　授業の進度を調整し，この授業この題材でこのアクティビティに挑戦するぞ，と計画すれば，長めのアクティビティを行うチャンスもやってきます。あらかじめ年間指導計画の中に盛り込んでおくと安心して準備できます。

③子どもたち

　慣れないと子どもたちはなかなか動いていけません。そんなとき，子どもたちの心と体を温めるのがウォーミングアップ技法です。

　例えば，本書にも紹介している「王様じゃんけん」(p.38)，「歩いて集まれ」(p.40)，「拍手まわし」(p.42)などのアクティビティを行います。これらは個人に視線が集中しないので，心理的な負担が少なく，気軽に参加できるアクティビティです。

　参加したがらない子どもも実は，「ちょっとやってみなよ」と背中を押してもらいたがっているのかもしれません。クラスの友だちが楽しんでいれば自然に参加したくなります。無理強いせず，タイミングを見計らって声をかけましょう。

④自分

　アクティビティは，とにかく経験しないとわかりにくいものです。そのためには，まずは教師自らがアクティビティを体験しましょう。いくつか体験する中で，これは面白い，ぜひやってみたいというアクティビティが出てきます。それを授業で試してみましょう。

　最初はうまくいかないこともありますが，繰り返していると必ず上達していきます。何よりも子どもたちの目の輝きが励みになります。

　まずは，小さなアクティビティから始めてみましょう。その場でもできるもの，時間も短くて済むもの，子どもたちの心理的な抵抗の少ないものから

始めて，その経験を積んでいくことが大切です。そうして，手持ちのアクティビティが少しずつ増えていきます。

⑤同僚・保護者

　日頃から教師間で実践交流に努めることが大事です。

「私，こんなことをやってみました」

「やってみたら子どもたちがこうでした」

などと，オープンに情報交換していると，周りの教師たちも理解・協力してくれるようになります。

　そんな中，他の教師が「私のクラスでも試してみようかな」と言っていたら，大いに協力しましょう。授業進度や大枠の授業の進め方については，周りの教師方と協調してやっていきましょう。

　保護者については「百聞は一見に如かず」。授業参観などの折に，アクティビティに取り組んでいる様子を見てもらい，子どもたちがのびのびと活動している様子を見れば，その意義を理解してくれるはずです。保護者と簡単なアクティビティを試みることも大切です。

Q10

どこから始めればいいの？

ドラマ技法をクラスで行うとき，教師が考えなければならないことを述べてみましょう。

①アクティビティを知る

Q9でも述べましたが，まずは，アクティビティを知ることです。本書や獲得型教育研究会のこれまでの出版物など，アクティビティを紹介した本はたくさんあります。多くはいりません。まずは，興味をもったものを1つでも2つでも，教師同士で体験してみて，その効果と運用のコツを知っていくことです。

②教師の演技経験は関係ない

ドラマ技法を使う教師には演技経験の有る無し，演技の上手下手ということはまったく関係がありません。関心がある人なら誰でもドラマ技法を取り入れることができます。

③授業場面とアクティビティの相性を考える

いくつかの技法を実際に行ってみたら，今度はそれらを組み合わせて，1時間や1単元の授業をつくっていくことになります。ドラマ技法をやろうとするときは，授業場面や教材にその技法が合っているかを考えることが大事です。

技法にはそれぞれその形式，難易度，効果があります。この授業のこの場面にドラマ技法を取り入れたら子どもたちのこんな反応を引き出せるかな，など授業内容，教材の性質とドラマ技法の効果を考えて使っていきましょう。

④子どもたちの状況に合わせて選ぶ

　そのアクティビティが，子どもたちの状況にうまく合っているかどうかを考えましょう。ドラマ技法をあまり経験したことのない子どもたちに対し，自由度の高いアクティビティを行うのは控えたいところです。むしろ自由度の低い，ごく少しの表現を伴うアクティビティを選んでいく方がよいでしょう。

⑤やる気にさせる工夫をする

　まず教師が「これは面白いぞ」という雰囲気を漂わせましょう。それが伝われば，子どもたちの期待度も高まり，説明もスムーズに進みます。あらかじめアクティビティの目的をあまり詳しく説明すると，活動をしばってしまうかもしれません。むしろ行った後の振り返りの中で『どう感じた？』『このアクティビティのいいなと思うところはどこ？』のように問いかけ，確認する方がよいでしょう。

　手順やルールは，言葉で細かく説明するよりも，子どもの代表を前に出してみんなの前で一度やってもらうのが手っ取り早く，わかりやすいです。

⑥アクティビティは修正して行ってもよい

　アクティビティは，そのままのルールで実施しなければならないものではありません。まずはやりやすい形で行い，子どもたちをフォローし励ましましょう。子どもの様子，実施時間，場所などさまざまな条件を考え，臨機応変に修正して使いましょう。

　ドラマ技法を取り入れるときのステップとしては，

⑴　役柄に「なってみる」

⑵　役柄になって「動いてみる」「話してみる」

⑶　役柄になって「演じて見せる」

という3つのハードルがあります。

　子どもの立場からすると（1）が一番入りやすい形なので，まずここから行うとよいでしょう。うまく演じることが目的ではありません。まずは参加したこと，演じたことを褒め，励ましましょう。

⑦振り返りを大切に

　どんなアクティビティでも，振り返りは必ず行いたいものです。

　まずは子どもたちとの振り返り。授業の要所要所で，表現する中で起こった学び，心の変化や気づきを振り返って確かめます。個々人で振り返るだけでなくグループで交流し合うことで，子どもたちの経験の幅が広がり思考が深まります。教師も，活動の中のよかったところをしっかりと褒めるようにします。

　授業の後で教師自身が振り返ることも大切です。行った授業の流れを自分の中でもう一度たどってみます。自分のファシリテーション，子どもたちの様子はどうだったか，次回への課題は何かなどを振り返りましょう。

ドラマ技法＆
アクティビティ50

王様じゃんけん

王様対子ども全員で，「じゃんけんポイ！」とかけ声をかければすぐ，簡単に誰でもできます。ルールを決めるのは王様の特権⁈　３回勝ったら勝ち抜け…などルールを工夫することも可能です。誰かを選ぶためにも使えて，単に遊びとして楽しんでもよいでしょう。場をほぐすのに最適な楽しいアクティビティです。

活動の流れ

① 　王様役が前に立ち，子ども全員とじゃんけんをします。

② 　勝った人だけ残り，負けた人，あいこの人は座ります。

使いこなすために

　王様役は大きな声で，手を高く挙げて元気よく始めます。全体を見渡してみんなが参加しているか観察しましょう。

　「後出し勝ちじゃんけん」も楽しいです。王様役がポンと出した後に参加者が勝ちの拳をポンと出します。じゃんけんポン，ポンとテンポよく続けましょう。スピードを速くすると集中が高まります。逆に参加者が負けるように出す「後出し負けじゃんけん」も意外と難しくて面白いです。小さい子の場合は『あいこになるように出してね』と言うとわかりやすいかもしれません。（「後出しあいこジャンケン」）

　王様役は先生でなく子どもでもよいでしょう。みんなの視線を浴びるのに自然に慣れていく効果が期待できます。

　最初は座ったままで，勝ったら立つ，さらに勝ったら椅子の上に立つなど身体の動きを伴うとさらに全体の動きが活発になります。

指導事例　中学校１年　数学：誰が勝ち残れるかな？

　16人の少人数指導教室。ザワザワとちょっと落ち着かない子どもたち。

　数学の授業の始めに，気持ちを切り換えるウォームアップとして行いました。

『**これから王様じゃんけんするよ**』

と声をかけると，

　「やったぁ〜」

　「え〜，面倒くさい！」

の声。

　子どもたちは王様じゃんけんをすでに知っており，幼稚だと思う雰囲気もあるようです。

　手を高く挙げ，開始。とりあえず全員が参加していきます。

　わざと景気づけに大きい声で，

『**じゃんけんぽん！**』

　何回か勝ちが続くと「俺，今日ツいている」とうれしそうです。

　次に，最後まで勝ち残った子どもに王様役になってもらいます。

　子ども対子どもだといっそう盛り上がり，最初は面倒くさいと言っていた子どもも，だんだんノッていく様子が見えます。2回目，3回目と進むと真剣になっていくから不思議です。

　短時間で終了すると，

　「もっとやりたい」

　「先生，また次の時間もやるの？」

という声も聞こえてきます。

歩いて集まれ

> 参加者全員が会場をランダムにゆっくり歩く…リーダーの「3人！」というかけ声で，3人組になります。それを解体して再び歩き，次は「5人！」などなど。そのたびにメンバーが変わり，新しい出会いが生まれます。人数が合わないこともたびたび起こりますが，仲間はずれはつくらないのがルール。最後は1人2人多くても，まぁいいじゃない，入れてあげましょう。

活動の流れ

①　自由な向きや速さで部屋の中を歩き回ります。

②　リーダーが「3人！」と言ったら，誰でもいいので近くの人と3人組をつくります。手をつないだり輪になって座ったりしてもよいでしょう。

③　あぶれた人は人数の足りないグループを探し，加わります。

④　これを何回か繰り返して最後は目的に合った人数のグループをつくります。

使いこなすために

　集まる人数も，太鼓をたたく回数で表したり，「リンゴ！」と叫んでその文字数3人で集まったりするなど，いろいろ応用できます。

　集まったグループ内で簡単な自己紹介をしてもよいでしょう。何度かグループを変えることで互いの垣根を低くし，場の空気をほぐすことができます。

　『余った人がいても，最後はこっそり入れてあげてね』と言っておくとよいでしょう。

　音楽を流すなどBGMがあってもよいでしょう。

指導事例　小学校3年　国語：何人組かな？　よく聞こう

　日本人として知っておきたい「俳句」を初めて学ぶ小学校3年生。教科書で習って，「俳句，つくってみたい！」という声が子どもたちから自然とあがります。

　まずは，表現したいエピソードをそれぞれが膨らませることが大切です。今回は「夏」をテーマに，仲のいい子と2人でつくることにしました。好きな人と集まってくださいと指示するのではなく，いつの間にか仲良し2人組ができていた！となると面白いです。

　子どもたちも参加できるように，手をたたきながら集まる方法で実施します。

　『これから先生が，そーれパン，そーれパン・パン，と手をたたいていきます。最後に「集まれ！」と言うので，その直前にたたいた数と同じ人数で集まっていきます。では，いきますよ！　そーれ…』

　だんだんと子どもたちも「そーれ」と言って，手を一緒にたたいていけるようになってきました。

　最後は2人組にしたいのですが，その前に3人や6人，8人もやってみます。キャッキャッと言いながら集まる子どもたちの心が，どんどんほぐれていきます。そして，2人組になったときには，何ともうれしそうです。

　「歩いて集まれ」を学級で行うと，実は仲の良い友達と一緒になりたい！という心理が働きます。今回はそこを逆手にとって取り入れました。

　『それでは，その2人で夏をテーマにエピソードを語ってくださいね』

　楽しく教室を動いたことと，仲良しの人と一緒になれた勢いそのままに夏を語り出します。

拍手まわし

> 1人が2回拍手，受け取る拍手と隣へ送る拍手をします。「パン」と1回拍手，隣の人に渡す「パン」，受け取って「パン」，次へ渡して「パン」…。全員で輪になって拍手を隣へ回していきます。ゆっくり丁寧に，受け渡すのは拍手と，そして気持ち。リズムよくパン，パンと進むよう，全体をよく見て集中しましょう。最初は一方通行で，慣れてきたら逆方向もありです。

活動の流れ

① 全員立って中心を向いて輪になります。

② 最初に拍手する人を決めます。またはリーダーから始めます。

③ 時計回りに2回ずつ拍手します。

④ 受け取りの「パン」，渡す「パン」，両方に気持ちを込めます。

⑤ 最初に拍手する人を交代して何度かやってみます。

使いこなすために

　各々2回手を打つと，受け取る→渡すがはっきりしてわかりやすいです。高い位置で渡す，低い位置で受けるなど動きを入れてもよいでしょう。途中で回る方向を変えたり，2カ所から回したりすると難易度が上がります。

　人数があまり多いと拍手がなかなか回ってこないので，15〜20人くらいにするとよいでしょう。2回手を打つ2拍手の方法だけでなく，1拍手の方法もあります。隣から受け取ると同時に次へ受け渡す感じで回すので，グッとスピーディーになります。

　1周何秒かかるか計り，どこまで短くできるかに挑戦しても面白いです。

指導事例　**小学校5年　特別活動：リズミカルにパン，パン，パン**

　夏休み中のクラブ活動に登校した子どもたち15名。3つのクラスにまたがり，お互いに顔見知りです。夏休みの「のんびりモード」を切り換えようと，このアクティビティを行いました。

　最初はゆっくりとルールを確認しながらスタート。

『時計回りで拍手を次の人に渡そう。受け取るときに「パン」，そして，隣に渡すときも「パン」だよ。最初はゆっくりでいいからね』

　15人で輪になり，ゆっくりルールを確認しながら始めます。

　中に何人か経験者がいるのでスムーズに進みます。隣の人から流れてきた拍手を，スピードを変えることなく送っていきます。

『何かを手渡ししているようなイメージでしよう』

　慣れてきたらスピードを速めてみます。緊張感が高まります。

　何人か，回す方向を変えてもいい人を決めます。さらには，誰でも方向を変えられるようにしました。集中力度が高まって，かえって楽しい様子です。

『1人2回ずつ手をたたいていたのを，今度は1回でやってみましょう。「受ける・渡す」を同時にやる感じだよ。倍速になりますからよく注意してね』

　スピードが一気に速くなり，拍手を送る動きがまるで一つの生命体が動いているようです。

　簡単な動作で，でも全員で一つのことに集中する参加感を味わいましょう。

アクションまわし

> 隣の人がやったポーズを真似る，ただそれだけです。一瞬のアクションに，声をつけてもよいでしょう。どんなアクションにしたら面白いかな…。お題を出すのも楽しいですし，自分では思いつかないようなアクションを真似してやってみるのもドキドキ…。みんながやる，やってくれるという信頼感がどんどん場を和ませます。

活動の流れ

① 全員立って中心を向いて輪になります。

② 最初の人を決め，その人は隣の人に向かって好きなポーズを取ります。

③ それをそっくり真似て，次の人にポーズを取り，さらに次の人に送ります。

④ 1周回ったら次のポーズに移ります。

使いこなすために

　例えば「動物になってください」と言って，うさぎで「ぴょん」とか，さるで「ウッキー」などお題を限定してもよいでしょう。

　相手の動きをよく見て，正確に真似るように指示します。

　手だけでなく全身を使うようにすると面白いです。

　チームワークを高めるためにタイムを競う対抗戦にしてもよいでしょう。

　反対回しをして，その際はアクションを変えるなど応用もできます。

指導事例　小学校6年　特別活動：このポーズ，うけとってね

　2学期最終日の特別活動。下校時間まで少し余裕があります。そこで，今学期最後のクラスレクを行いました。

　みんなで教室に円陣をつくります。まずはルールを説明します。ルール説明は言葉だけでなく，子どもを例に実際にやってみせるのが一番わかりやすいです。

　近くの子どもにお願いします。

先　生：ちょっと腕組みして，『へへン』って威張ってみて。

子ども：先生，こんな感じ？

先　生：うん，そうだね。それで隣の子はおんなじポーズしてみましょう。
　　　　　さあどんどん回していこう。

　簡単な例でポーズを1周回します。32名いるので全員回るのに1分半くらいかかりました。

　同じポーズでもう1回やると，今度はタイムが縮まります。

　『今度は自分の選んだポーズで最初にやってみたい人いるかな？』

　この声かけに10人ほど手が挙がります。

　指でっぽうをつくり，「バン！」で回します。お笑い芸人オードリーの真似で「トゥース」などが続きます。サルの真似「ウッキィ」では，大げさなポーズの男子にみんな大笑い。逆に照れて小さくポーズする女子には，「○○ちゃんがあんなポーズするなんて，おかしい！」との声も上がります。

　同じポーズで2回ずつやって，タイムの変化を計ったことで参加意欲も高まっていきました。どうすれば速く回せるのか考えて，「もっとよく見ようよ！」「大きな声で！」「次の人，準備して！」などの声が自然に起こります。

05

先生のやるとおり

『鏡に映ったように，正確に動きを真似てください』
　対面して立っている子どもたちは集中して教師の動きを見つめます。手の形，体の向き，足の位置などすべてコピーします。複雑な動きにもついていけるでしょうか？　ひょうきんな動作には笑いがもれることも。集団的表現の初歩として最適です。

活動の流れ

①　教師の姿が見えるように，全員が適当な間隔を開けて立ちます。
②　『鏡のように手真似をしてください』と言います。
③　片手をゆっくり挙げ，子どもも真似をします。
④　時々素早い動きを入れます。
⑤　手だけでなく体の動きも加えていきます。

使いこなすために

　最初は簡単な動きにして，慣れてきたら複雑な動きへと変えていきます。
　クラスがざわついて落ち着かないときに集中させるために使ってもよいでしょう。
　声は出さず，正確に同じ動きをするように指示します。
　また，まるで創作ダンスのような動きになりますので，教師はどのような動きにするか，あらかじめ鏡の前で練習しておくとよいでしょう。

指導事例　中学校　特別活動：集中してちょうだい

　女子ソフトテニス部，１年生12名，２年生６名のメンバー。いつも元気で学年を越えて仲良しです。その分ちょっと落ち着きがなく，指示がすっと通らないこともありました。

　そこで放課後テニスコートで全員集合し，練習前に「集中して」と声かけする際に使いました。

『みんな，先生が見えるようにちらばって。先生の動きをそっくり真似してね』

　ざわつきがサッと収まり，視線が集まります。

　ゆっくり右手を挙げると，

「えっ，どっちの手？」

というとまどいの声が上がります。

　私は

『鏡に映っていると思って動いてね』

と付け足しました。

　左手を前に出し，違う動きを足します。ざわつくこともなく，一点に全員が集中しています。身体の向きを変えたり，首を横に傾けたり，動きを足すときは，いきなりでなく全員の様子を見ながら行います。

　子どもの中にも反応に差があります。いつものんびり屋の子どもは，他の子どもの動きも見ながら一生懸命ついていこうとしています。私も動きがワンパターンにならないように，慣れてきたらスピードを変化させ，さっと動く動作を取り混ぜました。

　気のせいか，この日の練習指示に対して子どもたちはよく集中できていたようです。

いろいろライン

誕生日順に並ぶのは「バースデーライン」，それを朝起きた時刻の順など他のテーマで行います。

『じゃあ，誕生日の順に並べるかな。お互いに誕生日を聞いてやってみましょう。1月1日の人がいたらここがスタート』

「あー，私と同じ誕生日の人がいたー」

背の順のように見てわかるものでなく，情報を収集してそれを見える化するのが楽しいです。

活動の流れ

① 指定したテーマの順で子どもを並ばせます。

② 互いに聞き合って並ぶように指示します。

③ 並んだら，ラインが正しいか確認します。

使いこなすために

学校までかかる時間の順，氏名のあいうえお順など明確な基準だとやりやすいです。子どもがとまどうような基準や不快に感じる内容は避けます。

初対面では，どんな子がいるのかわかるような内容で並ぶとよいでしょう。一直線でなく，輪になると全体が見えてよい場合もあります。クラスや部活動などよく知っている間柄でも，お題を変えれば新しい発見ができます。「○○に行った回数」「心に秘めた記念日の日付順」など。

言葉を使わずに身振り手振りでやってもよいでしょう。ラインをつくった後，学習内容に合わせてグループ分けに活用することもできます。

指導事例　小学校3年　体育：並んで新発見

　クラスには，バスケットチームに入っている子が3人，やったことがある子も3人います。一方，ボールを持つのも初めてという子どももたくさんいるでしょう。経験の差がある中でみんなが楽しく協力してポートボールができるよう，チーム分けには工夫が必要です。

　そこで，まずは名前の順に並んでみようと提案します。その後は，誕生日順に並んでみます。なんだか，いつもと違う並び方で楽しくなっている子どもたち。

　『ポートボール，全然自信ないなぁって人はこっち，大得意って人はあっちの端，まぁ中くらいかなって人は真ん中あたり，さぁ，並んでみようか』と少し，おどけて言ってみます。

　互いを認め合い，よく知っていて，できるできないも素直に言えるクラスにしましょう。

　得意な子が謙遜して自信がない方に行っても，前の時間に頑張っていた姿を見ていた子がすかさず，
　「いや，あやかちゃんは上手だったから，得意な方に行ってもいいと思う！」
と褒めてくれるでしょう。

　端にいる子からナンバーコール。4チームつくるため，
　「1，2，3，4，4，3，2，1，…」
　いろいろな経験をもつ子どもたちが集まり，一人ひとりが活躍できるチームができました。

カウントアップ

1，2，3…と数を増やしていくのがカウントアップ。

それを誰が言うか打ち合わせなしにみんなでやります。ただし，数を言うときは一人で言わないとだめ。誰かとかぶってしまったらまた1からやり直しです。全体の気配を読み，できればテンポよく進めたいところです。声を出し立ち上がる勇気も必要。10まで行けたら全員で拍手喝采うけあいです。

活動の流れ

① 　輪になって，あるいはお互いが見えるように座ります。

② 　1から順に数字を言いながら立ちます。

③ 　2人同時に数字を言ってしまったら，また1からやり直しです。

④ 　かぶることなく10まで行ったら完了です。

使いこなすために

『目配せするなど合図はしないで，他の人の気配を読んでね』と言っておきます。

みんながためらってしまい進まない場合は，「1分以内で」など制限をつけるとよいでしょう。

慣れるためにまず小さいグループでやり，その後大人数でチャレンジしてもよいでしょう。

カウントダウンでもよいですし，数字を英語で言うなどアレンジしてもよいでしょう。

指導事例　中学校1年　理科：かぶっちゃったらもう一度

　普通教室にて，子どもは32名。授業の前のウォーミングアップとして，特に机は移動せず，そのままの形態で行いました。

先　生：みんなでカウントアップをやろうか。

子ども：えー，何それ？

子ども：やったことない。

先　生：じゃあ，どこかのグループにやり方を見せてもらおうかな。

　いつも一番ノリのいい5人のグループにお願いします。

　お互い目配せしたので，あっという間に1から5までできてしまいます。

先　生：今度はみんなもやってごらん。ただし目で合図はなしだよ。

と言い，各グループにやってもらいます。

　ところが，人数が5人だとどのグループもわりと簡単にできてしまいます。

子ども：つまらないよ。クラス全体でしようよ。

との声が上がります。

先　生：よ〜し，じゃあクラス全体でやってみましょうか。

　「誰が立つのかな」と子どもたちの目が左右に動きます。

　「1！」

　「2！」

…32人ではさすがになかなかうまくいきません。

　かぶってしまうと笑いが起き，みんなが様子を見合って沈黙が続くと緊張が走ります。

　何度か挑戦し，残念ながら8までしかいきませんでしたが，全体で一つのことに取り組んだ満足感が生まれたようです。

08

白身と黄身

> 椅子取りゲームでは座れない人が１人出ますが，これはそのたまご版。３人でたまごをつくります。２人は白身で向かい合って手をつなぎ，１人はその中に入って黄身。「白身」部分が入れ替わることもあれば，「黄身」が動くときもあります。３人組ですがそれが自在に入れ替わり，常に１人余ってしまいます。変わり身と裏切り？のゲーム。わいわい楽しみましょう。

活動の流れ

① 　３人組でたまごをつくります。
② 　声を出すのは「オニ」役です。教師がまず「オニ」になり，「白身」または「黄身」または「爆発」とコールします。
③ 　例えば「黄身」とコールされたら黄身の人だけが移動します。白身は動いてはいけません。
④ 　コールと同時にオニだった人も黄身になろうと加わるので，一番遅い人が１人余り，次のオニになります。
⑤ 　「爆発」とコールしたら全員が動きます。

使いこなすために

　人数が３の倍数＋１になるように工夫します。それが難しい場合は，オニは２人でもできます。

　恥ずかしがって男女が手をつなぐことができないときは，腕で屋根をつくる感じで向かい合えばよいでしょう。

　名称を「木とリス」にしてもよいでしょう。「嵐」で全員が動きます。

指導事例　中学校1年　特別活動：変わり身の速さがポイント

　中学校1年で38名。月曜日の朝1校時に行いました。

　最初に、「歩いて集まれ」（p.40）でウォーミングアップをします。子どもたちにいろいろな人数のグループをつくってもらいます。最後に「白身と黄身」の基本グループで3人組をつくります。

　まずはルール説明です。余った人がオニになること。オニが「白身」「黄身」「爆発」の声を出すことなどを説明しました。今回は2人余るのでオニは2人になります。2人のオニは交代で声を出すことにしました。

　いよいよ白身と黄身がスタート。ところが何回やっても、なんと男女が決して混ざりません。

　男子は男子のタマゴ、女子は女子のタマゴをつくっています。しかし、男子は20人、女子は18人のクラス。男子の方は必ず2人余るので、いつでもオニは男子。

　「わーっ」

　「また俺?!」

などと盛り上がっています。

　一方、女子はこのままだと絶対オニにはならないので、徐々に緊張感がもてなくなっているようでした。

　教師としては内心（どうしたものか）とあせりを感じる場面ですが、子どもたちはそこそこ楽しんでいるようなので、それでよしとしました。

　中学校1年生の男女間の心理的ハードルは、それほど高いのでしょう。ルールの中に、「必ず男女混合で卵をつくるようにします」などと工夫するとよいかもしれません。

猛獣狩りに行こう

> 「歩いて集まれ」(p.40) のバリエーション，猛獣狩り版です。
> 「猛獣狩りに行こう！」のセリフが始まりの合図で，「ゾウ」なら2文字なので2人組，「パンダ」なら3人組をつくります。気分を盛り上げて大きな声を出し，勇ましく歩く，その舞台装置としての「猛獣狩り」なので，動物は必ずしも猛獣でなくてもよいでしょう。テンポよく，元気よく出かけましょう。

活動の流れ

① 　リーダーが拳を突き上げ「猛獣狩りに行こう！」と叫びます。参加者も
　それを反復します。
② 　「鉄砲も持ったし！」「山を越えよう！」などそれらしいセリフを続け，
　場を盛り上げます。
③ 　「ライオンを獲ろう」と言われたら，ライオンは4文字なので4人組に
　なります。
④ 　「猛獣狩りに行こう！」でまた最初に戻ります。
⑤ 　コールする動物を変えて何度か繰り返します。

使いこなすために

　人数のばらつきや余りは気にせず，元気よくリズミカルに繰り返すことが大切です。「動物園に行こう！」「動物園に行って○○に会おう！」という言葉で行ってもよいでしょう。「お弁当持ったし！」「電車に乗ろう！」など，さまざまな言葉で盛り上げます。英語にすれば，アルファベットの文字数になりますのでグッと難易度が上がります。

指導事例 小学校4年　特別活動：どんな動物いるのかな？

　鬼ごっこをした後で，体も心もほぐれた状態です。

　4年生はこういうときノリがいいです。『猛獣狩りに行こう！』と言うと，すぐさま「お〜!!」と返してきます。『鉄砲も持ったし！』と言うと，「マシンガンも持ったし！」とやや乗り過ぎの子もいます。『山を越えよう！』と言うと，そのまま「山を越えよう！」とみんな元気です。

先　生：猛獣狩りに行って…ハイエナに会おう！

　動物を「獲る」という言葉に抵抗がある筆者は，「会おう」という言葉でこのアクティビティを行っています。

　「ハイエナ…4人だ，4人だ」とワイワイ言いながらグループをつくり床に座る子どもたち。トラ，シマウマなどと動物を変えながら新しいグループになります。

　最後は，
先　生：猛獣狩りに行って…パンダに会おう！
子ども：パンダ，パンダ…3人組だぁ。
子ども：『ン』も入る？
子ども：入るよ，早く早く…。
　3人組ができあがります。

　1人余ってしまったら，
　　『このグループに入れてあげてね』
と近くのグループに入ってもらいます。

　人数のばらつきを気にするより，テンポよく進めることを心がけましょう。

ガッチャン

オニに捕まらないように安全地帯にいたくても，すぐはじき出されてしまう，スリリングな鬼ごっこです。2人が横に並び，片足をくっつけた状態で立ちます。この状態にいれば捕まりませんが，くっついていられるのは2人までで，3人がくっつくことはできないのがルールです。逃げ役は「ガッチャン」と言って誰かに足をくっつけます。反対側の人ははじき出され，逃げ役になります。

オニに捕まらないように，誰かにくっつかなきゃ！

活動の流れ

①　オニを1人，逃げ役を1人決めます。

②　それ以外は2人組で足をくっつけて立ちます。

③　逃げ役はオニにタッチされたらオニになってしまいますので，捕まらないように「ガッチャン」と言って誰かに足をくっつけます。

④　くっついた人と反対側の人がはじき出され，逃げ役となります。

使いこなすために

大人数のときはオニ，逃げ役を2人ずつにするなど，工夫するとよいでしょう。

衝突してけがをしないように，広めの安全な場所で行いたいところです。

ルールが周知されるまでは，ゆっくりやってみるとよいでしょう。同じ人とのガッチャンは禁止にすると，男女も交ざり，活発なゲームになります。

指導事例　小学校3年　体育：待っているあいだもドキドキ

　体育館での体育の授業。男女合わせて50名いたので，オニと逃げ役を増やし男女3名ずつとして，スタート。

　ところが，男子は男子，女子は女子にしか「ガッチャン」をせず，男女が交ざりません。動きも鈍く，あまり楽しそうではありません。

　これではいけないと教師も逃げ役に加わり，いろいろなグループに「ガッチャン」をしてアクティビティを活発にしようとしましたが，いっこうに活動的になりません。そこで途中でストップ。

『じゃあ，ルールに慣れるために，ちょっと狭くしてやってみましょうか。最初は女子だけね。男子はよく見ていてね〜』
と男女別にやってみました。

　バレーボールコート半面を使い，まず女子だけでやってみます。狭くなったのでお互いが近く，動きもスピーディーになってきました。

　次に男子だけだと，動きはさらに速くなり，スリルを味わい始めたようです。

　半分ずつでやってお互いに見合ったのがよかったのか，ルールをすっかり理解したところで…，
『コート全面を使って，今度は全員ですよ〜。一度組んだ人とは「ガッチャン」禁止ね。たくさんのいろんな人と組んでみてほしいなぁ』
　最初のぎこちなさは消え，男女も交ざりながら積極的に動き回る子どもたち。とても活動的なアクティビティとなりました。

あっちこっち

　場にどんな人がいるのか，手を挙げてもらうことで見える化するアクティビティです。子どもの意識や傾向などを把握するアンケートのようにも使えます。緊張した場の空気が和むように，ちょっとユーモアのある質問をしてもよいでしょう。この後何をするのかによって質問も変わってきますので，あらかじめ質問を考えておくことも大切です。

活動の流れ

① 　質問者は中央に立ち，みんなの視線を集めるようにします。
② 　「これからいくつか質問をしますので，当てはまるものに手を挙げてください。朝食がパン派の人は？」などと言い，手を挙げてもらいます。
③ 　「ここまで来るのに何分かかりましたか？　30分以内？」など次々質問をします。

使いこなすために

　いろいろな質問をすることで，互いの共通点や相違点が見えます。質問者は透明人間のつもりで，子どもたちの視線が交わるように意識するとよいでしょう。360度子どもに囲まれているので，質問者は適宜体の向きを変えたりするとよいでしょう。

　「2時間以上かかって来ました」という人に「どちらから？」など直接インタビューするのも面白いです。ねぎらいの拍手もしましょう。

　体を動かすスペースがあるときは「4コーナーズ」(p.62) も使えます。

指導事例　中学校1年　特別活動：みんなのことを知ろう

中学校1年の初日。まずは定番のウォームアップで始めます。
ここでは，教師が質問者になります。

『今日はドキドキしながら学校に来た人，手を挙げて』
周囲を見回しながらパラパラ手が挙がり，ほぼ全員が手を挙げます。
『そうだね。私もみんなどんな子どもたちだろうとドキドキしながら今日
は出勤してきましたよ』

『これから何が始まるんだろうとワクワクしてきた人，手を挙げて』
これもほぼ全員の手が挙がります。

『今日の朝ごはんは何を食べてきたかな？　ご飯？　パン？　その他？』
まわりを見渡しつつ，みんな興味津々で手を挙げています。

『ご飯でもパンでもないって何かなぁ。気になりますよねぇ』
とインタビューすると，「焼きそば」「ドーナッツ」などの答えに「へぇー」
「それ何？」「オシャレー」という声や笑いが起きます。

『好きな動物は何？　犬？　猫？　鳥？　猛獣？　爬虫類？　その他？』
手を挙げさせ，具体的にどんな動物か聞きたくなったところで，
『じゃあ，好きな動物は，次の自己紹介の時につけ加えてください』

こうして和やかなムードの中，自己紹介へと移っていきます。

仲間集め

> 「歩いて集まれ」（p.40）に似ていますが，教師の指示で集まるのではなく，子どもが自分と同じ人を自ら探して集まるアクティビティです。声を出して同じカテゴリーの人を見つけなければならないので，恥ずかしがっていてはいけません。「同じはうれしい」を体感しましょう。

活動の流れ

① 例えば，カテゴリーを「好きなくだもの」とします。

② それぞれ「いちご」「バナナ」などいろいろなくだものを思い浮かべます。

③ 教師が『同じくだものが好きな人同士で集まりましょう』と言います。

④ くだものの名前だけを大きな声で言いながら集まります。

使いこなすために

　動物，スポーツ，歴史上の人物などカテゴリーは何でもよいでしょう。

　思い浮かべたものを途中で変えないように言っておきましょう。

　バリエーションとして，動物の鳴き声での仲間集めも楽しいです。

　また，言葉を発しないでジェスチャーで表現するのも面白いです。

　あらかじめ言葉を書いたカードを用意しておいて割り当てる方法もあります。

指導事例　小学校5年　社会：同じなのはだあれ？

　机や椅子がなく，広いスペースがとれる多目的室で行いました。

　まず鬼ごっこで体をほぐした後，少し興奮を収めるために言葉を使わない仲間集めをやることにしました。日本の食糧自給率について学習しましたので，その復習も兼ねています。

　『日本では自給率が低い食糧品が，いくつかあったよね。思い出してみましょう。それで，そのうち1つを心の中で決めてください』

　『それを言葉で言わないで，ジェスチャーだけで表すんだよ。同じ仲間同士で集まれるかな？』

　『ヨーイ，スタート！』

　最初はとまどっていた子どもたちも，友だちの動きが理解できるとそれを真似して仲間を探し始めます。「豚肉」を思い浮かべた子どもはブタの顔まね，「小麦」グループはうどんやパンを食べる動作，「大豆」の子どもは箸で豆をつまむ動作で相手を見つけています。

　ある程度，グループができあがった時点でストップ。それぞれ何グループなのか，ジェスチャーで発表してもらいます。
　「あれー，一緒です〜！」
と叫んだのは大豆グループ。
　もう一つのグループは，ネバネバの納豆をかき回す動作をしていたのでした。

4（フォー）コーナーズ

部屋の４隅を使い，４択のアンケートを可視化するアクティビティです。実際に歩いてコーナーに移動してもらいますので，人数の多い少ないがわかりやすいです。また，同じ意見の人が１カ所に集まるので，そのまま話し合いやインタビューなどもできます。

活動の流れ

① 例えば，『好きな季節は？』という問いを設定します。
② 部屋の４隅に春／夏／秋／冬を１つずつ割り振り，集まってもらいます。
③ 移動し終わったら全体を眺めます。
④ 理由を話してもらいます。

使いこなすために

導入にも振り返りにも使え，お互いの共通点や相違点を知ることができます。

『○○はどのくらい好きですか？』で，「とても」「まあまあ」など度合いで分けることもできます。

最初は判断の容易なものから始めるとよいでしょう。

途中で気持ちが変わったら移動してもよいことにします。なかなか決めきれず迷っている様子なども観察できます。

指導事例 中学校2年 英語：どこに行くかで意見がわかる

　元気が良すぎる男子とおしゃべり好きの女子，全部で16人です。英語に対する率直な気持ちを表してもらうために，「4コーナーズ」を使ってみましょう。

先　生：今日はこれから，英語好きの度合いがわかるゲームをしましょう。英語が大好き，love って人は黒板の右，まぁ好き，like の人は左，あまり好きじゃない，don't like は後ろの掃除用具入れのところ，嫌い，hate は後ろのドアのところへ移動してください。

先　生：Ready, go!

子ども：（照れながら）へへ，love なんだな〜，これが。（笑）

子ども：まぁ，嫌いじゃないから，don't like くらいかな。

先　生：これで成績つけるわけじゃないから，正直にどんな気持ちか教えてね。

子ども：（ニコニコして）先生，俺 hate，自信ある。

子ども：love までいかないから，like だな。

　全員が4つのコーナーに移動したら，意外にもいつも元気な男子5人は love か like でした。ペアやグループで行う練習が楽しいのかもしれません。

　それぞれに理由を聞いてみました。

　love と like の子どもは，「文法は苦手だけど英語の歌が好き」，hate と don't like の子どもは，「テストで良い点が取れないから」などと教えてくれました。

ウォークで挨拶

> 　ゆっくり歩き回りながら，いろいろな人との出会いを楽しむアクティビティです。最初は誰でも気恥ずかしいものです。まず目線を交わし，ちょっと会釈，「どうも…」，など少しずつ親しさを増していきます。段階を踏んでいくことで，最後は笑顔でハイタッチ?!

活動の流れ

① 　教室内をゆっくりランダムに歩きます。

② 　リーダーはみんなの動きを見て，次の順に指示を出します。

③ 　行き会う人に目礼します。

④ 　「こんにちは」と言葉を交わします。

⑤ 　握手します。

⑥ 　ハイタッチします。

使いこなすために

　子ども同士の距離が近づいているかどうか観察しましょう。テンポよく，明るい雰囲気を大切にします。

　映画「ET」にあったような人差し指タッチや片手ハイタッチなどバリエーションを楽しんでもよいでしょう。

　飛び上がってダブル・ハイタッチ。「イエーイ」などと声を出すのもオーケーです。

指導事例　中学校2年　英語：いろいろな挨拶で急接近

　夏期講習に参加の23名を対象としました。授業初日，教室に行くと中は誰もいないかのような静けさ。普段は別々のクラスで学ぶ子どもたちには，お互い遠慮があるのかもしれません。

　このようなかたい雰囲気をほぐしてから授業を始めましょう。

　"Stand up, please!" と声をかけ，『机を後ろに下げて』と指示を出します。

『次は，空いたスペース内をゆっくり歩いてみましょう』

　子どもたちはいつもと違う展開に一瞬きょとんとしたものの，数名が歩き出すと，つられて全体が動き出します。

『はい，とまって。近くの人に目礼！』

　全体の様子を見て，また歩かせます。これを何回か繰り返した後，

『今度は Hello，と挨拶してみましょう』

　教室のあちらこちらから英語での挨拶が聞こえてきます。

　少し場が和んだ感じがします。

　同様にして握手，ハイタッチと進めていきます。子どもも徐々に慣れてきて，盛り上がりをみせます。自然と Hello の声も大きくなります。

『いろいろな人と挨拶できましたか。声を出したり，歩き回ったりして，血行がよくなりましたね。それでは授業を始めましょう』

　最初とは比べものにならないほど柔らかい雰囲気の中，授業に入ります。

褒めちぎり

> よいところを指摘されれば誰でもうれしいものです。面と向かっては照れて言えなくても，アクティビティと称してやってみればあら不思議，人間関係がスムーズになり，場が温かい雰囲気になること請け合いです。目に見えること，見えないこと，どんなことでもいいので，よいと思う点をたくさん挙げてみましょう。

活動の流れ

① A列B列の2列になり向かい合います。
② 1ペア1分間などと時間を決め，A列の人がB列の人を褒めます。
③ 1分経過の合図で，B列の人は1人ずつ右にずれます。
④ 一通り終わったら2回目。今度はB列の人がA列の人を褒めます。
⑤ 今回はA列の人が右にずれ，B列は動きません。

使いこなすために

　活動の後，感想を聞いてみてもよいでしょう。
　「こういうところを見てくれたんだ」など，褒められる方にも新たな発見があり，面白いです。

A列　○　○　○・・・○　○（A列動かない）
　　　↓　↓　↓　　　↓　↓ほめる
B列　○　○　○・・・○　○（B列は右にずれる。いちばん右の人は先頭
　　　▲━━━━━━━━━━━┛ に移動）

指導事例　中学校2年　英語：褒められるってうれしい

　夏期講習の最終日。23名。蒸し暑さもあって，前日までの元気さが見られません。せっかくこれまで和気あいあいとやってきたので，最後までよい状態で授業を終わりたいところです。

　『夏休みなのに学校に来て講習，ご苦労さま。本当に頑張っていると思います。素晴らしいです。今日はペアになって，お互いに努力を称え合いましょう』
　いつもペアワークを行っている相手と向き合います。毎回のことなので違和感はありませんが，今日は何をするのかな？という気配です。

　『いいと思うところをどんなことでもいいので挙げて，とにかく40秒間褒め続けてください。ように，始め！』
　子どもたちが一斉に話し始めます。
　「ホントに楽しそうにクラブの練習に参加していてすごいと思う。私はいやいや出ている日があるのに」
　「夏美はいつだってきちんと宿題をやっているので，偉いよ」
　「整備委員，大変なのに責任もってやっていてすごい。私だったら無理」

　子どもは思いのほか，日々やっていることやよいところをよく知っているようです。褒めポイントが次々出てきて，言われる方も照れながらニコニコと聞いています。
　40秒経過したところで交代し，同様に相手のいいところを挙げます。

　今回は時間の都合上，相互に褒め合って終わり。それでも肯定的な内容を声に出し続けたからか，教室に温かい前向きな活気が生まれました。

16

みんなの木

決意や目標などを紙に書いて貼り出すことは多いですが，それを「木」にして
しまおうというアクティビティです。いろいろな形，色を使えばカラフルな木が
できあがります。ただ貼って終わりでなく，それを育てていくこともできます。
1年後の実りをみんなで目指しましょう。

活動の流れ

①　模造紙に木の幹，枝を描いたものを用意します。
②　参加者に葉っぱの形の紙を配り，目標などを書いてもらいます。
③　それを模造紙の木に貼りつけます。
④　葉っぱがたくさんついた木を壁に貼ってみんなで見ます。

使いこなすために

　かなえたいことは緑の葉，起こって欲しくないことは黄色の葉，など色を
変えましょう。
　また，葉でなくリンゴなど果物の形も面白いです。
　紙を用意するところから作業してもよいでしょう。
　1年後に，かなえられた事項には花をつけるなど，結果が見えるようにす
ると振り返りにも役立ちます。

指導事例　小学校3年　特別活動：希望をかなえて花を咲かそう

　長い夏休みが明け，久しぶりに元気な顔がそろいました。1学期までのことを思い出し，2学期へとスムーズにつなげるため，「みんなの木」をつくろうと考えました。

『1学期までにできていたことっていろいろあるよね。それを思い出して，この「りんごの実」の付箋に書いて貼ってね』

　「みんな発表するときに，手をたくさん挙げるようになった」

　「みんなが自分から進んでお手伝いをしている」

　「みんな『ごめんね』『ありがとう』がすぐ言えるようになった」

　リンゴの実を木に貼っている子どもたちの顔はみんな笑っています。

『じゃあ次に，「葉っぱ」の付箋に，まだみんなができていないことや，こうなったらいいなぁと思うこと考えて書いてください』

　一瞬静かになり，考えて書いている様子です。

　「いつもみんなで考える習慣をつけたらもっとよくなると思う」

　「みんなで遊ぼうタイムのとき，前はけんかをしちゃったから，けんかをしないようにします」

　「助けてもらったら恩返しをする」

　これを貼るときにはさすがに顔は真剣です。

『ずっと教室に貼って，いつでもみんなで見ることができるようにしておきます。葉っぱがりんごの実に変わるように，みんなで2学期も頑張っていきましょう』

人間と鏡

> 　鏡に映った私は，私とそっくり同じ動きをしています。もしそれが鏡でなく，人間だったら…。そっくり同じ動作をやってみましょうというアクティビティです。ただ自由に動くのでなく，相手のことも考えて動きます。合わせる方も，ちょうど鏡に映ったように動くのは難しいものです。静かなアクティビティで集中と動作を楽しみましょう。

活動の流れ

①　ペアになり，真ん中に鏡があると想定します。

②　一方が人間，もう一方が鏡に映った人間になります。

③　先生が合図して開始です。

④　人間が動き，鏡に映った人間はそれに同調します。

⑤　時間を計り，役を交代します。

使いこなすために

　声は出さず，動きに集中します。

　場合によっては静かな BGM を流してもよいでしょう。

　あまりに難しい動きや，スピードが速すぎるとついていけないので注意します。相手が同調しやすいようにゆっくり動くよう指示します。

　合図なしで，無言のうちに気配で人間と鏡が役割交代するようにしても面白いです。

指導事例　中学校1年　理科：呼吸を合わせて動いてみましょう

　定期考査が終わり，新しい単元に入る日。「光」について学びますが，その中で「鏡」も出てきます。

『今日は，アイスブレイクからやりましょう。まず，ペアをつくります。いつものように1枚カードを取ってね』

　ペアやグループはランダムです。毎回のことなのでこだわりなく，誰とでも組める雰囲気はできています。

『じゃんけんして…。勝った方が鏡，負けた方が人間だよ。人間が動くと鏡もそれとおんなじに動くよ』

　組み合わせはさまざまです。男女のペアになったところからは「えーっ」という声が上がりますが，本気で嫌がっている感じはしません。

　最初は短めの30秒で実施します。簡単な動きでやれば難しくはありません。

『ハイ，やめ。交代して〜。今度は1分でやりまーす』

　要領がわかってきて，複雑な動きも出てきます。素早く動くと当然難しくなります。

　「えー，あれー？　わかんなくなっちゃう」

　「ん？　こう？　あ，逆だ」

『しゃべらないでするんだよ。ここからちょっと難しくするよ。どちらが鏡，人間とか決めないで，阿吽の呼吸ってやつで交代してみましょう』

　「えー，そんなこと…」

　教室は静まり返り，ぴんと張りつめた空気が流れます。互いの気配を探りつつの役割交代はまだまだ難しいようでした。

『来週は鏡について勉強するよ。今度鏡を見るときはよく観察してね』

18

エアー手裏剣

> 何かが「ある」と仮定して動くアクティビティです。あなたは忍者。手裏剣を自在にあやつる一級の忍者です。
> 投げる，よける，はっしと押さえる，何でもござれ。
> 相手も手練れの忍者。まるでキャッチボールのように，手裏剣が飛び交います。なりきって遊んでみましょう。

活動の流れ

①　ペアになり，離れて立ちます。
②　架空の手裏剣を持っていると想定し，投げ合います。
③　「エイ！」「ヤア！」などの気合いも忘れずに。

使いこなすために

　ボールやフリスビーなどと違って，当たったら「致命傷」なので気合いを込めてやりとりします。手裏剣の形や重さをイメージするようにアドバイスをするとよいでしょう。

　手裏剣にこだわらず，ドッジボールや大縄飛び，綱引きなど，大勢でするのも面白いです。

指導事例　小学校3年　総合的な学習の時間：気迫をこめて！

　折り紙の得意な子に折り紙で手裏剣をいくつかつくってもらっておきます。『**次の時間は忍者ごっこだよ**』と言うと，わーっと歓声が上がります。

　子どもたちはコの字型で座っています。ランダムに選んだ2人の子どもに教室の中央に出てきてもらい，まず折り紙の手裏剣を投げ合ってもらいます。しかし，紙なので重さがなく，鋭く投げるのも受けるのも難しいです。何往復か投げ合った後，手裏剣を「エアー」にすると告げます。他の子たちはギャラリーです。

　『**さあ，みんなに透明の手裏剣が見えるかな？**』

　まずエアー手裏剣をやってみたい子を募ります。子どもたちは一斉に手を挙げます。この子たちを2人組にして，1組ずつ教室中央で投げ合ってもらいます。

　どの組も最初は折り紙の手裏剣を投げ合い，その後「エアー」にします。シュッと投げてパシッと取れるペアには，「今，手裏剣が見えた気がしました」と賞賛の声が上がります。

　投げ合ううちにゲラゲラ笑い出し，なぜか斬り合いのようになってしまうペアには「手裏剣はどこ？」，まったくそれらしく見えないペアには「だらしない忍者だなぁ」などと感想が飛びます。クラス全員で一斉にやるのでなく，やる人と見る人両方がいる方がいいようです。見ている人から褒められるとその気になりますし，楽しくなりすぎてふざけてしまうことも少なくなります。

　子どもたちから，「折り紙の手裏剣はみんな受け止められなかったですけど，エアー手裏剣になってからは本当に取っているように見えて面白かったです〜」「先生，またやりたいです」などの声が出るでしょう。

イルカの調教師

> 　誰でもダメ出しされるより，褒められる方がうれしいものです。
> 　褒めることで，イルカを正解の芸へと導きましょう。簡単なお題（芸，動作）でいいので，みんなでそれを決め，何も知らないイルカは手探りで正解への道を進みます。イルカ役，調教師役，どちらも経験することでいっそうこのアクティビティは楽しくなります。

活動の流れ

①　イルカ役は部屋の外へ出ます。

②　その間にみんなでイルカにやってもらう芸を決めます。簡単な動作，カーテンを開ける，椅子に座るなどがよいでしょう。

③　イルカに入室してもらい，正解の動作に近づいたらみんなで「リン」と声をかけます。

④　正解に近づくほど「リン，リン，リン」と声を大きくします。

⑤　イルカはその声をヒントに，いろいろと試みます。

⑥　正解の動作ができたら「リンリンリン…」と思いっきり褒めます。

使いこなすために

　イルカ役が動き回れるように，入り口すぐでなく，ある程度奥まったところを使う芸にするとよいでしょう。

　危険なことや，あまりに複雑な動作は入れないようにします。

指導事例　小学校2年　特別活動：拍手で教えよう

　7月生まれのてつや君の誕生日。彼が廊下で待っている間にプレゼントを隠し，それをてつや君に見つけてもらいます。そして，みんなでお祝いするのです。誕生祝い恒例のイベント。

　4月からもう3回やっているので，おなじみのアクティビティ。子どもたちはやる気満々，テンションが高いです。てつや君もうれしそうな顔です。

『てつや君は廊下で待っていてね』

　他の子どもたちにどこに隠すのかを小声で聞きます。

「掃除道具入れの中」

「先生の机の中」

「ボクのロッカーの中」

　意見がどんどん出ます。手を挙げてもらうと，「先生の机の中」が多いので，代表の子にプレゼントを隠してもらい，廊下にいるてつや君を呼び入れます。

『みんなからのプレゼントを探してください』

　てつや君はうれしそうにうなずき，前の入り口から後ろに向かって歩き出しますが，拍手は起きません。てつや君は首をかしげて窓側へ向かいます。

「おかしいなあ」

　黒板の方へ進むと，パチ，パチ…と小さな拍手が起きます。てつや君は黒板を見てからチョーク入れを開けます。

「あれ？」

　窓側の先生の机に近づきます。パチ，パチ，パチパチパチ…（この実践では合図を「リン，リン，リン」でなく，拍手で行っています）。

　先生の机の前に立つと拍手はさらに大きくなります。教師を見て「いいの？」と言いたげな表情をしてからそっと引き出しを開けます。そこには寄せ書きのプレゼントが。てつや君がそれを取り出すと同時に，みんなで「ハッピーバースデー」の歌を歌います。

ヒューマンチェアー

> 　全員がそれぞれ隣の膝をちょいと拝借。椅子がなくてもみんなで息を合わせれば，腰掛けてひと休みだって可能に?!
> 　どうやったらうまくいくか，みんなで知恵を出し合って安定した座りになるよう工夫しましょう。

活動の流れ

①　輪になって立ち，そのまま向きを変えて隣の人の頭の後ろを見るようにします。

②　距離を詰め，輪をグンと小さくします。

③　一斉にそっと後ろの人の膝に座ります。

④　しっかり座れているか確認します。

使いこなすために

　1人ずつ順に座るのでなく，合図をして全員一斉に座るのがこつです。

　男女混合は難しいので，男子だけ，女子だけにするとよい。人数はあまりに少ないと円にならず，難しい。15〜20人くらいがちょうどよいでしょう。

　しっかり座れたら，全員手を挙げたり，そのままの体勢で2〜3歩歩いてみたりしてもよいでしょう。

指導事例　小学校5年　体育：身体と心をほぐして

　学級は女子5名，男子8名の合計13名。

　体育の「からだほぐしの運動」で身体と心を解きほぐし，一人ひとりの気持ちをつなごうと試みて「ヒューマンチェア」を行いました。

『みんなクマになってください』

『…クマの親子になります。親子で散歩します』

「クマ？」と子どもたちはとまどいながらも背中を丸め，手を前に出します。子ども同士でゆっくり歩こうと，お互いに笑い合っています。

『クマが男女に分かれて集まります』

『時計回りになって，前のクマの肩に手を置きます』

「何やるの？」「これでいいのかなあ？」とすこし不安そうです。

『そう，肩に手を置いて小さな輪になったね。椅子に座るように，後ろのクマの膝にゆっくり乗ってね』

「押すなよ」「重いよ」とこわごわ後ろの人の膝に座り始めます。中には，「そういうことね」と何をすべきか納得し，「座るタイミングを合わせなくちゃ，せーの」と工夫し始める子も出てきました。

　2回挑戦しましたが，男女どちらの輪も崩れてしまいました。子どもたちもちょっと焦りを感じ始めたようです。

　そして，再チャレンジ。

　すると，3回目には全員が声かけをして座り，「ヒューマンチェア」が完成しました。子どもたちの中から「やったー」という歓声が起こりました。

２つのホント１つのウソ

> 自己紹介のバリエーション。２つは事実，本当のことを言うけれど，１つはウソを混ぜるのがルールです。よく話を聞き，３つのうちどれがウソかを推測しましょう。どういう点を紹介するか，どんなウソを混ぜるかで，普通の自己紹介よりずっと印象が強くなります。

活動の流れ

①　「これから自己紹介をします」と言います。
②　３つの点について述べますが，１点はウソを混ぜるというルールを説明します。
③　いずれにも本当らしく説明を加えるとよいでしょう。
④　自己紹介を聞いた後，どの点がウソなのか推測をします。
⑤　ウソはどれなのか発表します。

使いこなすために

　基本は自己紹介ですが，テーマを変えればよく知っている同士でも楽しめます。
　「夏休みの思い出」
　「私の好きなこと・もの」
…など。
　「メンバーの共通点を３つ挙げます」など，グループでも楽しめます。

指導事例　小学校6年　総合的な学習の時間：推理ゲームで自己紹介

　38人のクラスに，インドネシア1名，中国2名の外国籍の子どもがいます。今回は異文化理解のために，特に中国の女の子劉さんに焦点を当てました。自己紹介で劉さんとペアになった勇太君が，クラス全体に彼女について紹介をする場面をつくりました。

　勇太君がクラスに向かって紹介します。

> 　劉さんは，次の3つのことを教えてくれました。
> 　このうち1つはウソだそうです。
> ①　お父さん，お姉さんと3人で，日本で暮らしている
> ②　お母さんがお菓子の店をつくるために，中国に帰っている
> ③　中国の学校では全員が食堂に集まって給食を食べている
> 　僕も正解はわかりません。
> 　みんなで質問してみてください。

　紹介の後，みんなが劉さんに質問をします。お姉さんは何歳か，料理は自分でつくっているのか，中国の給食は何が出るのか，など次々と質問が出ます。

　多くの子どもが，②をウソと思ったようですが，実は③がウソでした。
　種あかしの後，劉さんに説明してもらいます。中国にはそもそも給食というものはなく，みんな家に帰って昼食をとってからまた学校へ戻る，との話に，「へぇ〜」と驚きの声が上がりました。

インスタント物語の素

> 「何でもいいから話してください」は難しくても，あらすじに「ガイド」があればつくりやすいものです。うまくつながり，流れていくストーリーが簡単につくれる，「インスタント物語の素」はいかがでしょうか？　思いつきでオーケー。みんなでつくれば，場が盛り上がること請け合いです。

活動の流れ

○　次の順序でお話を自由に創作します。

① むかしむかし…

② 毎日毎日…

③ ところがある日…

④ そのせいで／そのために　＊ここは３〜４回繰り返す

⑤ そしてついには…

⑥ その日以来／それ以来…

使いこなすために

　２人組で交互に話してもよいですし，グループで取り組んでもよいでしょう。途中で行き詰まってしまったら，初めからやり直してもよいでしょう。

　みんなで話を聞いた後，「で，その教訓は？」など追加の質問をしても楽しいです。

指導事例　小学校6年　国語：みんなで物語をつくろう

　起承転結など，文章の構造を学んだ後，『**みんなで物語をつくってみましょう**』と声をかけました。

　隣同士でペアを組ませます。ほとんどが男女ペアとなるため，初めは「えーっ」と声が上がりますが，いったん作業が始まると集中してつくっています。

　あるペアは，
「むかしむかし，あるところに鬼が住んでいる村がありました」
「毎日毎日，人をさらってきては食べていました」
「ところがある日，その鬼の村に小さな子どもがまぎれ込みました」
と，どんどん話を広げています。
　1人でつくるのとは違う意外性が楽しいようです。

「もう1つできちゃった。2つ目つくっていい？」
と聞いてくるペアもあります。
　ただ，「その日以来…」と教訓を引き出すところで苦労しているペアが多いようです。

　時間の都合で，全部ではなくいくつかのペアにお話を発表してもらいました。発表できなかったグループには教訓だけ紹介してもらいます。
「情けは人のためならず」「人の意見は聞きましょう」などと並んで，「蛇を食べてはいけない」などという教訓が出ると，みな思わず「どういう話なの？」という声が出て，大いに盛り上がりました。

　クラスの子の名前を使ってお話をつくるペアもあります。そんな場合は，『**人を傷つけるような話はやめとこうね**』と，やんわり注意します。

「他己」紹介

「自己紹介」ではなく，誰かのことをみんなに紹介するのも楽しいです。まずはインタビュー。あれこれ話を聞き，そこから何をどう紹介したら，みんなにこの人のことが伝わるか考えて工夫しましょう。

活動の流れ

① ペアをつくります。
② 交互に1分間，自己紹介をします。
③ 別のペアに，自分のパートナーから聞き取った内容を話します。

使いこなすために

人の話を集中して聞き，それをうまく構成して他の人に伝えることがポイントです。

自己紹介以外に，何かの感想や意見などで行ってもよいでしょう。

聞き取ったことを全員に紹介するのもよいでしょう。

指導事例　中学校3年　英語：よく聞いて伝えよう

　中学3年夏季講習16人。いろいろなクラスから来ていて，互いに知らない子どももいます。教師にとっても指導するのが初めてという子どももいます。

　『どんな人が集まっているか知るために，これから英語で紹介をしてもらいます。まず，ペアで自己紹介。よく聞いて，相手のどんなことを紹介したいか考えてください。メモも取ってね。では，10分間準備ね』

先生：では，吉田くんが浜野くんを紹介しま〜す。

吉田：OK. His name is Hamano Sho.

　　　　He has lived in Taiwan.

　　　　He likes science.

　　　　He belongs to the tennis club.

　　　　He plays tennis very well.

　　　　He is kind and smart.

浜野：え，僕って kind？　smart？　テニス，そんなにうまくないけど。

山口：うん，うん，浜野くんは kind だよ。それに clever。台湾に住んでいたんだ。知らなかったです。だから，中国語もわかるんだ！　テニスもうまいよ！

　紹介してもらった浜野くんはとてもうれしそうでした。

　他の子どもも思いがけない発見ができ，なごやかな雰囲気になります。自己紹介とはまた違う角度から紹介してもらうことになり，他の人がどのように自分を見ているのかを発見することにもつながりました。

共通点探し

> 「あ，そうそう，私も！」
> 　友だちと一緒のことがあると何だかうれしいものです。よく知っているはずの友だちでも，新しい意外な発見があります。聞いてみなくちゃわかりません。あれこれ話して，思いがけない共通点を発見して盛り上がりましょう。

活動の流れ

① 　ペアまたはグループをつくります。
② 　「共通点を３つ探してください」と指示を出します。
③ 　３分，５分などと時間を決め，共通点を見つけます。
④ 　口頭で，または紙に書くなどして発表します。

使いこなすために

　人数が多いと難しくなるので，グループの構成は３〜５人程度がよいでしょう。

　目で見てわかるもの（例：めがねをかけている）ばかりでなく，見えないもの（例：アイスはバニラが好き）などを入れるように指示します。

指導事例　中学校2年　英語：一緒はうれしい

16人のクラス。4人ずつ4つのグループをつくりました。

『**グループで共通点を探します。We を主語にして，できるだけたくさんの共通点を英語で書いてください。制限時間は5分です**』

とまどっているグループには簡単な文からつくってみたら，とアドバイスします。

共通点を探すには全員が発言する必要があります。

"Do you like ice cream?"
と問いかけると口々に反応が戻ってきます。

"好き！　I like ice cream."

"Me, too!"

"No, I don't like it.　あんまり甘いの好きじゃない"

"だめだ！　じゃあアニメは？"

"好き,好き！　だから，We like anime."

時間がきたのでグループごとに，発表してもらいます。発表した文は教師が黒板にも書きます。

"We don't like homework. We like to play games."
と発表者が言うと，

"Me, too!" "Me, too!" とあちこちから声が上がりました。

仮想会議

> 会議で何でも発言してください，と言われても緊張するものです。でも，もし役を与えられていたら？　キャラが与えられ，その人はどんな性格で何をねらっているかなど，情報をゲットしたら…さあ，仮想会議に臨みましょう。この人ならどういう発言をするか…想像して役になりきって意見を言ってみましょう！

活動の流れ

① 議題を設定します（例：シャッター通りになってしまった商店街を活性化するために）。

② 会議に出席する顔ぶれを設定します（主婦，商店主，地主，町長，郊外大規模店店長，子ども会会長，最寄り駅駅長など）。

③ 役を割り当てます。

④ 会議を開きます。

使いこなすために

「仮想職員会議」「仮想株主会議」「仮想販売企画会議」など何でもよいですが，議論が活性化するために，どういう出席者が必要か考えましょう。

多様な意見があることをわかりやすく見せるためにこのアクティビティを活用してもよいでしょう。

指導事例 　中学校3年　英語：なりきって意見を言おう

　　場面は職員会議。議題は「子ども指導のあり方」です。

　　登場人物は校長，子ども指導に厳しい主任Ａ，子ども側に立つ主任Ｂ，その他の先生。

　　グループ内で役柄を選ばせ，演じていくことにしました。英語の授業なので，議論のときの英会話フレーズもいくつか紹介しました。

『ではグループ内で演じてみましょう。心配なグループは簡単なシナリオをつくってもいいよ』

　　次は，グループのやりとりの例です。

校　　　長：最近，女子のスカートや男子のシャツなど，だらしない子が目立
　　　　　　ちますね。

主 任 Ｂ：自主的に直させればよいのではないでしょうか？

主 任 Ａ：直らないから言っているんでしょう。

校　　　長：このままじゃ，本校の風紀が乱れて評判が下がりますよね。

他の先生：評判って言いますが，結局は体裁を気にして，子どものことは…。

　　やりとりは予想どおり日本語が中心になってしまいます。しかし，役割を演じて進めていくことを優先させるため，まずは日本語でやってもよいことにしました。

　　いつも無口でおとなしい子どもが，重みのある校長役を演じているのに驚かされます。

　　また，普段よく服装を注意されている子どもが，生活指導主任になりきり，「もっと子どもを指導しろ」と主張しているシーンには不思議な迫力がありました。

プロムナード

> プロムナードとは「散歩道」や「遊歩道」のこと。登場人物（たち）は，課題を抱えたり，決断を迫られたりして迷っています。そんな人物が遊歩道を歩いていると，様々な人に出会い，声をかけられるという設定です。さまざまな立場の声かけをシャワーのように浴びることで，登場人物の感覚や思考がより深められます。めぐっていくのは個人でもグループでもよいでしょう。

活動の流れ

① 全員で場面設定を理解します。登場人物の課題，決断すべき点は何かをつかみます。

② 自分はその人物にどういう声をかけるか，考える。紙に書くなどして考える時間を取ります。声かけは，自分の思ったことをそのまま言う場合と，賛成・反対と立場を決めて，本来の自分の意見とは異なる意見を言うときもあります。

③ めぐる人（たち）と声をかける人（たち）を決めます。個人，グループがめぐってもよいですし，全員が交代で順番にめぐってもよいでしょう。

使いこなすために

登場人物がどうめぐるのか，声をかける側はどう並ぶのか，あらかじめわかりやすくしておきましょう。歩く人はゆっくりと，かけられる声を味わいながら歩くようにします。めぐっていく人物は聞くだけで声かけに積極的に反応しないのが普通です。各教科，特別の教科 道徳，総合的な学習の時間，特別活動など広範囲に使用できます。

指導事例　中学校3年　特別の教科 道徳：いろんな声が心に響く

　教材は，真一が進路選択をめぐり彼女との間に溝ができてしまうところから始まります。2人は以前から，一緒に工業高校に進学しようと約束していました。しかし最近，真一は自分は普通科に行く方がよいのではと思い始めます。これを聞いた夏樹は，約束と違うと真一を責めます。そして，自分も真一と同じ普通科高校に行くと言い始めました。困った2人が，信頼する先輩に相談に行くという設定です。

　授業の展開は，まず教材を先生が範読します。その後でワークシートを記入します。子ども全員が先輩に「なって」2人へのアドバイスを記入します。アドバイスは2人が普通高校に行くことに賛成の立場，反対の立場両方で書きます。いよいよ「プロムナード」を始めます。

　『**今日は先生が真一になります。皆さんは先輩です。2人にいいアドバイスをお願いします**』

　今回は真一役は教師（ティーチャー・イン・ロール）が行い，夏樹は頼んでおいた学級委員女子Ａが行います。2人でクラスの子どもたち（先輩）に相談に行き，アドバイスをもらうという設定です。

真　一：なあ夏樹。俺たちのこと，先輩に相談に行こうぜ。

夏　樹：わかった…。

　2人で先輩のところへ行きます。

真　一：先輩，俺たちどうしたらいいんでしょうか。アドバイスください。

先　輩：俺の考えを言ってもいいかな。俺は一時の感情で自分の将来を決めてはいけないと思うよ。自分が将来何をやりたいのかしっかり考えて決めた方がいいぞ。

真　一：ありがとうございました。

　また別の「先輩」にアドバイスを受けることを繰り返します。

みんなで1人 （コレクティブ・キャラクター）

複数の人で1つの役柄を演じる技法です。例えば，数人の人が同じ徳川家康になったり，マザー・テレサになったりします。グループで演じることによって，その人物に対してさまざまな解釈が生まれ，理解の幅が広がります。また，演じるもの同士の交流や協力が生まれます。演技に自信のない子どもでも，仲間に助けられながら演じることができます。

活動の流れ

①　全員でストーリーや場面設定を理解します。

②　グループ分けをし，各グループに登場人物の役を振り分けます。

③　グループになって相談し，話し合って人物像を深めます。どのような発言をするか決めます。

④　実際に声を出して練習します。

⑤　クラスの前で発表します。

使いこなすために

まず，ストーリーや設定をよく理解することが大事です。そして，グループごとに話し合って，この人物は何を言うか（セリフ），それを誰が言うかをあらかじめ決めておきます。グループの全員が一斉に同じことを言う場面をつくるとセリフの迫力がアップしますし，みんなの参加感が増します。

発表者がセリフに詰まってしまったら，グループのメンバーがささやくなどして助け合いましょう。

指導事例 中学校２年 社会：みんなで言えば心も１つ

「江戸時代の百姓一揆」の学習。場面は，1711年，安房国北条藩（現在の千葉県館山市）で起こった「万石騒動（まんごくそうどう）」という百姓一揆です。

この一揆の概要を説明した後，一揆を３つの場面に分け，子どもたちは4班に分かれました。それぞれ「騒動を行った農民」「家老」「幕府の老中」「騒動後の村人」になってセリフをつくり，声を合わせて言う練習をしました。

場面１「門訴（もんそ）」では，農民たちが江戸の藩邸に押しかけ，家老・川井藤左衛門に年貢の減免を願い出ます。

農民ら：年貢を２倍にするなんて無茶です。これでは生きていけません。

家 老：お前たちの要求はわかった。いったん安房に帰って返事を待っておれ。悪いようにはせんぞ。

場面２「駕籠訴（かごそ）」では，家老は，農民の要求をのんだふりをし，見せしめに名主３人を処刑。それを聞いた農民たちは，江戸城に登城中の駕籠に乗った幕府老中に直接訴えます。

農民ら：家老の川井こそ悪人です。どうか，お裁きを。このままでは処刑された仲間がかわいそうです。

家 老：老中さま。あれは百姓のデマです。どうかとり合わないでください。

老 中：農民を泣かせるとは何事だ。藩として失格だ。

場面３では，農民たちの必死の訴えを認め，藩主の領地は没収され，家老の川井とその子は処刑され，年貢も例年どおりとなりました。

村人ら：（騒動を終えて）年貢が元どおりになってやれやれだ。川井め，バチがあたったんだ。これもあの３人の名主さまのおかげだな。

音読・群読 (コーラル・スピーク)

> 文をどう読めば聞く人にこの状況が伝わるでしょうか。文章を読んで聞かせることは表現の第一歩です。群読では，複数の人で分担して読んだり，一斉に読んだりします。こうするとさらに劇的な効果が高まります。

活動の流れ

① 台本となるテキスト（舞台用の脚本だけでなく，小説など文学作品の一部，児童・子どもが創作した作品，外国語のテキストなど）を選びます。

② テキストを通読してどう解釈するか，どう読んだら効果的か相談します。

③ 群読の場合，分担を決めます。

④ 実際に声を出して練習します。お互いにアドバイスし合います。

⑤ 発表してお互いに鑑賞します。

使いこなすために

　読み方については，声の大きさ，スピード，声の高低，間の取り方，感情の込め方などを考え，声に出して練習します。群読については，

・地の文とセリフで読み手を分ける。

・段落ごとに読み手を変える。

・登場人物に合わせて舞台劇のように配役する。

・テキストに書かれていない効果音などを入れる。

・全員で声をそろえて読む部分を入れる。

など工夫します。グループ内で読む量が人によって極端に違ってしまわないように配慮します。

指導事例　中学校３年　特別活動：みんなで読めば迫力アップ

　クラスの誓い（憲章）をつくってみることにしました。そこで，学園の校訓「３つのＳ」（Self-control, Self-government, Social Service）を織り込んでつくろうと呼びかけました。

　子どもからは「（めんどくさそうに）それってやらなきゃいけないんですか？」「なんか，憲法みたいで面白そう！」といろいろな反応がありました。

　それぞれが憲章の言葉を考えます。アイデアを書いて公表し合い，みんなの意見で憲章の言葉が決まりました。そして，ソロ，グループ（５人１班），全員（20人）の音読部分が決まり，音読，群読を行いました。できあがったクラスの誓い（セリフ）を紹介しましょう。

ソ　ロ　１：私たち３年Ａ組一同は

ソ　ロ　２：学園の校訓である３つのＳにのっとり

グループ１：最後の体育祭では，３つのＦ「燃えて，なかよく，まっとうに」をこころがけ（Fighting Spirits, Friendship, Fair Play）

全　　　員：こころがけ

グループ２：３つのＬ「笑いと思いやりに満ちた，元気のある」クラスづくりを目標にして（Laugh, Love, Live）

全　　　員：目標にして

グループ３：環境に配慮した３つのＲの実行を宣言し（Reduce, Reuse, Recycle）

全　　　員：実行を宣言し

グループ４：みんなで協力して

全　　　員：みんなで協力して，人と地球にやさしいクラスを目指すことを誓います。

29

体で情景描写（ボディ・スケープ）

> 聞こえてくるさまざまな音を表現するのが「音の風景（サウンド・スケープ）」。それに対し，ある情景を身体で表現するのが「体で情景描写（ボディ・スケープ）」です。例えば「みんなで森になってみましょう」というふうに，いろいろなテーマを与えてグループごとにそれを体で表現します。身体表現のための第一歩となるアクティビティです。

活動の流れ

① 　テーマを発表します。各グループは数分相談する時間をとります。相談するだけでなく，必ず体を使って練習します。
② 　順番を決めてグループごとに発表します。
③ 　発表してお互いに鑑賞します。

使いこなすために

　例えば「家」というテーマ。ある人は柱になり，ある人は屋根になります。グループごとに違った様々な家ができ，それをお互いに鑑賞します。花になったり山になったり，川になったりすることもできます。

　体で表した情景は動いてもよいですし，音を出してもしゃべってもよいでしょう。物語の理解を深める学習の中でこの技法を使うことも効果的です。

　この技法のように，体で表現するアクティビティの前には，ウォーミングアップを十分することが必要です。心と体をよく解きほぐしておくと，伸び伸びした表現ができます。

指導事例　小学校1年　国語：山や木になってみましょう

　教科書に載っている「おとうとねずみチロ」はこんな作品です。

　チロは3人兄弟の3番目。ある日，あの山の向こうの遠くに住むおばあちゃんから手紙が届きます。赤と青の毛糸でチョッキを編んでいるから楽しみに待っていてほしいというのです。ちょっといじわるなお兄ちゃんとお姉ちゃんは，チロのチョッキはないと言います。心配になったチロはおばあちゃんに思いを届けようとして…。

　子どもたちといくつかのやりとりをした後で，

『おばあちゃんの住む村ってどんな村だろう？』

と問いかけて，数人の子どもたちに「山」になってもらいます。

　これを見た1年生たちはノリノリで，

「じゃあ，ぼく，木」

という子が現れたかと思うと，何人かの男の子が木になり「森」ができあがります。ややふざけ気味の子は「地面」になって床に転がり始めます。

　チロはおばあちゃんに思いを届けるために「やまびこ」を使います。

『そうだ。いいこと思いついた。大きな声で言ったらおばあちゃんの家に聞こえるかも！』

　チロ役を募るとたくさんの子が立候補します。

「おばあちゃーん。セーターぼくにもちょうだい！」

　チロ役が大声で言うと，山たちがこだまを順々に伝えていきます。

　しかし最初はうまくいきません。**『あれ？　うまく届かないねえ』**と言いながら練習するとだんだんやまびこらしくなっていきます。

『そしてある日，おばあちゃんから小包が届いたよ。さあ，中に何が入っているのかな？』

と投げかけ，子どもたちからの反応を聞きます。答えは言わずに，

『教科書にこのお話が載っているから読んでね』

と，この授業を閉じました。

群像づくり （コレクティブ・スタチュー）

> 1人ではなく複数メンバーで身体を使って彫刻をつくるアクティビティです。例えば，「サッカーのゴールシーンをつくろう」など。「群像づくり」は，自分たちの考えや感情を身体で表現するためのよい練習になります。群像をつくる中で，子どもたちは話し合い助け合って身体表現がだんだんと上手になっていきます。

活動の流れ

① 「満員電車の車内になろう」などテーマを発表します。各グループはどう表現するか相談しながら体を使って練習します。

② 順番を決めてグループごとに発表します。

③ 発表してお互いに鑑賞します。

④ 鑑賞の際，「思考の軌跡」（p.14）の技法を使って何を表現しているのか，どのような意図があるのかを子どもたちに発言してもらいます。

使いこなすために

　事前学習が大切です。事前学習が豊かだと，表現も豊かなものになります。

　彫刻は単に形態を模したものではなく，さまざまなことを象徴したものであってもよいでしょう。

　表現中やその後には，表現した形態が何を表しているのか子どもたちに話してもらいましょう。

　恥ずかしさが入り込むすきを与えないためにも，スピーディーに展開するとよいでしょう。

指導事例　小学校5年　社会：彫刻が表すものは何か

日本や世界の食糧問題についての学習を行いました。

『今，皆さんは食糧問題をどう解決するかという「マニフェスト」をつくっていますね。その表紙に世界の人に訴える彫刻を写真で載せるとしたら，どんな彫刻をつくりますか？　相談時間は10分』
と投げかけました。

小学生の子どもたちはのってくると，驚くほど展開が速いです。
できあがった彫刻が何を表しているかは，「思考の軌跡」（p.14）の技法を使って話してもらいました。

グループAは，食肉問題を扱っています。中央にいる女の子3人は，牛，鶏，豚を演じ，それを屠殺しようとしているところです。日本の食肉輸入量の多さとそれがたくさんの飼料を使うことを表しています。

グループBの中央に座っている子は天びんを表しています。その両脇は輸出する国と輸入する国。お互いが手を差し出しています。後ろの右端は日本，真ん中の子は地球を示しています。そして，悩んだポーズをとっているのは，この問題を考える大統領のような人なのだと言います。

貧しい人と富める人をピラミッドにして表現したグループCは，天びんを形づくり，一方に楽しそうに食べる人びと，もう一方に飢えて倒れる人を表現しました。

世界一短いスピーチ

> 「僕の名前は佐藤タケシ。好きな動物はパンダです」
>
> 　自分の名前と指定されたトピックに関することを言うだけの，何とも短いスピーチです。話すことが得意・不得意関係なし。誰でも簡単にできます。トピックを変えて繰り返し行うことができます。お互いに対する親しみが湧き，発言しやすい雰囲気をつくることができます。

活動の流れ

① 　例えば『自分の名前とあなたの好きなスポーツを紹介してください』と指示します。

② 　子どもたちは１人ずつ順番に立ち上がり，自分の名前と選んだものだけを言います。

　　「私は○○です。好きなスポーツは○○です」

　　と話します。

③ 　これを繰り返します。

使いこなすために

　トピックとしては，「好きなスポーツ」「好きな動物」「好きなタレント」「好きな１曲」「好きな歴史上の人物」など，さまざまなバリエーションで行うことができます。

　『上手に話すことが目的ではなく，その人が何を（誰を）選んだのかが重要なメッセージなんだよ』と伝えることで，話し手の心理的負担を和らげることができます。

指導事例　小学校1年　特別活動：こんなに短くてもスピーチです

　入学したての小学校1年生。24人（男子12名，女子12名）のクラスです。初めての学校体験，初めて出会った先生，友だち。まだ，お互いの名前すら覚えていません。そして，字を書くこともおぼつかない子どもたち。

　クラスのみんなのことを知り合い，話を受け止められるやわらかな雰囲気をつくりたいところです。たとえ短い言葉であっても，声を発することが表現の第一歩になります。

『**今から，朝の会を始めます。名前を呼ばれたら，「はい」と返事して自分の名前と好きな食べ物を言ってね**』

　「佐藤健太です。めんるい」

　「川田美代です。いちご」

　「お肉」「カレーライス」「カレー」「カレー」…

　1年生の子どもたちは，友だちが言うと，それにつられて同じ答えが何人か続きます。そうすると，笑い声がこぼれていきます。同じだという共感が湧くのでしょう。「先生，カレーが好きな子が12人もいたよ」と教えてくれる子もいます。

　『**好きな動物を言ってね**』『**好きな色を言ってね**』

と簡単なことから始めます。1日でたくさんやってもよいですが，毎日続けても面白いです。

　だんだんと，

　『**将来なりたいものを言ってね**』

など，やや難しいことへと進みます。

　そうすると「ハンバーガー屋の店員さん」「ケーキ屋さん」「花屋さん」「サッカー選手」に続けて，「にんじゃ」，「にんじゃ」と続きます。

　学級通信などで知らせると，保護者にも，クラスにどんな子どもがいるか伝わっていきますから一石二鳥です。

1分間スピーチ

『今年の夏休みの思い出について1分間スピーチをしましょう』
など同じテーマで1人1分ずつ話すスピーチです。同じテーマでも，話すことが
人によってずいぶん違います。その違いを楽しみましょう。短い時間で多くの子
どもに，みんなの前で話す経験をさせることができます。特別活動などで，気軽
に取り組めるアクティビティです。

活動の流れ

① 「運動会の感想を話そう」など1分間で話せるようなトピックにします。
② 子どもの発表順を決め，1人1分以内でクラスの前で話します。

使いこなすために

　トピックとしては，上記のような長期休業の思い出，自己紹介，新学期
（新年度）の抱負，行事の感想，本の紹介，部活動紹介などさまざまな場面
で使えます。

　みんなに聞こえるよう大きな声で話すように励まします。

　例えば，席を円形や対面形式にして自席で起立して話すなど，話す人の心
理的負担が減るように学級の席を工夫することも考えましょう。小グループ
をつくってその中で順番に発表すると心理的負担はだいぶ軽くなります。そ
んなときは，各グループに司会を置きます。

　最後に各司会者からクラス全体に何が話されたかフィードバックすると，
話題や状況がクラス全体で共有されます。

指導事例　中学校2年　英語：1分でもけっこう話せる

夏休み明けの初めての授業，久しぶりに顔を合わせる子どもたち。

『How was your summer vacation?　皆さんは夏休みをどのように過ごしましたか？　それぞれがどのように過ごしたか1人1分でスピーチしてもらいます』

「えっ英語で？」

「無理，無理！」

と子どもたち。

『今回は日本語で大丈夫です。1分間で，夏休みの思い出をどれぐらいわかりやすくみんなに伝えるかが目的なので』

『では，今から2分あげるので，何について話すか考えてみてください。誰から始めるかはいつものようにくじで決めます』

そして2分後。

『では，佐藤君から始めてください。時間を計ります』

「え，僕から？　う〜ん。8月に家族で京都旅行に行きました。いいなって思うかもしれませんけど，これが大変だったんだよ。着いてすぐに僕のお腹が痛くなって…」

『さんざんでしたね〜。もう体調は戻りましたか？』

「はい，もう元気です。けど1分間ってけっこうしゃべれるんだね」

それぞれの1分間スピーチを聞いて，子どもたちは楽しそうです。話し終わった子どももホッとすると同時に仲間に自分のことを話せて満足そうです。

1分経つ前に話し終わった子どもには，『あと〇〇秒』と先生が伝えてあげると，子どもは何とか1分になるように情報を付け加えようとします。

ショー＆テル

> 「これは私がおばあちゃんからもらったテディ・ベアです」
>
> お気に入りの物や思い出の品物を聞く人に示し，それに説明を加える形で行うスピーチです。実物の効果は絶大で，話のリアリティを高めていきます。また，物を見せながらそれについて語るという形なので，話す人も説明しやすいです。スピーチや発表の基礎をつくるアクティビティです。

活動の流れ

① 話のテーマになる物を選びます。

② なぜそれを選んだのか，どこで手に入れたのか，どのような思い出があるのか，その品物に対する自分の気持ちなどスピーチの構成を考えて準備，練習をします。

③ 物を示しながら話します。

使いこなすために

　教師がまず見本を示すとよいでしょう。子どもに発表の仕方を教えることができます。発表は，まず見せるものを示して，「これは○○です」と始めると，聞く人にその物を強く印象づけることができます。

　本を示しながら感想を語る，理科で調べた生き物の絵や写真を見せながら話す，美術で自分の描いた絵やつくった作品について話すなど，さまざまな場面で使えます。最初から見せる，見せるものを箱や袋から出す，話のヤマ場で見せるなどなど，見せ方も工夫します。聞く人の数が多く，見せるものが小さいときは，書画カメラを使ってもよいでしょう。

指導事例　小学校1年　特別活動：見せながら話せば納得

　ショー＆テル「わたしの宝物」をやってみました。

　まず，教師が人形を見せながら，亡くなった祖母にもらったエピソードを語りました。

　次に，子どもたちは自分の宝物を選び，学校に持ってきます。実物を持ってこられないものは，写真を持ってくることとしました。発表に先立って，その物をいつ，誰にもらったのか，好きなところはどこかなど，話のあらすじがつくれるような質問用紙を配り，それに書いてもらってから本番に臨むことにしました。

　イスをUの字型に配置して，子どもたちは座って発表します。1回の発表は1人2分程度です。

　さて，ゆりなに番が回ってきました。彼女は人前で話すことがとても苦手です。これまでの「ショー＆テル」では，必ず友だちに助けられながら話していました。さあ，今回は…。

　ゆりなはウサギの人形をぎゅっと握りしめています。躊躇しながら，

「私の宝物は，うさぎのぬいぐるみです」

と始めました。

　じっと前を見ていられないので，みんなの方を見たり，下を見たり，人形を見たりしています。子どもたちは，ゆりなが話せるかどうかドキドキして見ています。

「冬にもらいました。ママにもらいました。大切にしている理由は，ママにもらったから大切にしています。好きなところは，お洋服を着せるのが好きです。いつも，一緒にねています。これからも大切にしたいです」

　クラスみんなが拍手を送りました。ゆりなはちょっと照れくさそうに下を向きながら，ニッコリと笑いました。

なりきりスピーチ

> 「私はガリレオ。どうして私が地球が太陽の周りを回っていると考えたか説明しましょう」
> など，人物や動物，物などになりきって行うスピーチです。その人や物を演じることで，対象をより深く理解することができます。臨場感のある場面づくりにも効果的です。話し手は特に演劇的表現力を高めることができます。

活動の流れ

① なりきるものを決めます。

② 人や物の特徴を調べます。その人，その物として何を話すか考えます。

③ 話すべきことを組み立て，何度か練習します。

④ その人（物）になりきって，気持ちを込めて発表します。

使いこなすために

　自分が誰か最初に伝える場合と，伝えないで最後に「私は誰でしょう？」と問いかけることもできます。雰囲気を盛り上げるために，衣装や小道具を用意するとよいでしょう。

　グループで分担して発表するなら，内容が重ならないように，いくつかの視点からスピーチを分けて語るように工夫します。例えば人物なら，子ども時代，青春時代など人生の節目ごとに分担するなどです。

　文学作品の登場人物や，歴史上の人物になったり，職業紹介，さらに動物や鉱物になるなど，応用範囲は広いです。

指導事例　小学校2年　生活：なりきれば見えてきます

　生活科の時間に「生き物探し」をしました。

　子どもたちは生き物が大好きです。学校中を走り回り，カブトムシの幼虫やキアゲハ，バッタ，ダンゴムシ，カエル，トカゲを探しました。家からカブトムシやクワガタ，玉虫，カミキリムシ，メダカ，カエルを持って来てくれました。

　観察カードに生き物の特徴を書き，生き物になりきってその特徴を全身で表現する発表会をしました。
　　『みんな，好きな生き物になってみましょう』
と提案すると，
　　「やりたい，やりたい」
と言い，班で何の生き物を演じるのかを話し合いました。
　そして，発表。ある班の子どもたちはカブトムシ2匹，クワガタ，ザリガニになりきって自慢し始めます。

カブトA：虫の王様だぞ。
カブトB：この角がかっこいいでしょう。
クワガタ：僕のハサミは，のこぎりのようですよ。
ザリガニ：ハサミは，僕だって自信があるさ。ほら，こんなに大きい。
カブトA：僕のが一番だ。
カブトB：私の方がいいでしょう。
　（登場人物全員で踊り出す）
全　　員：どうだ，すごいだろう。

　今回は行いませんでしたが，角やはさみ，羽などの特徴のある部位を紙などでつくって発表に使うのもお勧めです。

即興スピーチ

いきなり意見や発言を求められることがあります。そんなときにも，何とか対応できるように練習しましょう。「即興スピーチ」はあるトピックについて，ごく短い時間で準備して即興的に話すスピーチです。例えば，『今一番ほしいものについて話してください。では準備時間を少しとって話し始めましょう』のように始めます。トピックから浮かんできた言葉や思いついた事柄をもとに，即興的に話をつなげていく思考回路を開きます。

活動の流れ

① 　トピックをもらいます。
② 　短い準備時間で話す準備をします。
③ 　トピックに沿って話します。

使いこなすために

　トピックは教師が与えてもよいですし，くじ引きのようにトピックが書かれたカードを引くのでもよいでしょう。「家族」「友人」「好きな音楽」「私の趣味」「好きな言葉」「好きな食べ物」「今一番ほしいもの」など，トピックはなるべく身近で，子どもたちの共通の話題となるものが話しやすいです。思いついたことから話し，話しながらどう展開するかを考えます。

　初めはまとまらなくてもかまいません。話し手が話すことに行き詰まったら，聞き手の子ども・先生が話の糸口を引き出してあげたり質問したりして応援しましょう。クラス全体に対して話すことが難しい場合は，小グループをつくってその中で行うとよいでしょう。

指導事例　中学校1年　理科：話しながら何を言うか考えましょう

　前時に，次の授業で「即興スピーチ」をしてもらうことは伝えてあります。教師は，「私の趣味」「憧れの先生像」「最近身についたこと」などの複数のテーマをカード（くじ）に書いて準備しておきます。そして，次の授業で行う「気体の発生実験の説明」というテーマも入れておきます。これが，前時の復習にもなり，次の授業時間（実験）の準備にもなります。つまり，教科の学習内容を確認し深めることと，子どもへ授業開始の楽しみを提供することの2つの役割を兼ね備えているのがこの「即興スピーチ」です。

　カードを使ったくじ引きが始まります。誰がどれに当たるかは，子どもも教師も誰もわかりません。それがさらにドキドキ感を高めます。
　各人のテーマが決まったところで，今回は準備時間を3分間とりました。そして，その後持ち時間各1分でスピーチです。それぞれ，笑いを取りながら話をしてくれました。
　それでは，翌日の実験に欠かせないテーマに当たった高木君の発表を聞いてみましょう。

高　木：僕のテーマは「明日の気体発生実験で目指すこと」です。えー，みんなわかるでしょ！　教科書を見ればすべて載っているよ。

子ども：そんなこと言わないで，説明してよ。

先　生：みんなのために頼むよ〜。

高　木：しょうがないなぁ。気体を発生させて，上方置換法，下方置換法，水上置換法のどれかを使って気体を集められればいいと思います。それで，何か変わったことが起きればいいなと思います。

先　生：変わったことってどんなこと？

子ども：爆発とか……?!

先　生：（驚いて）ええっ！　それは，やめてほしいなあ！

　こうして，翌日の実験への期待が高まっていきました。

36

CMづくり

テレビでよく見るCMはなぜか印象に残るものが多いです。このようなテレビCMの形式を使って，言葉や身体表現で自分たちのメッセージをつくるのが「CMづくり」です。どうすれば明快で強く訴えかける力をもつ発表ができるのか学びましょう。

活動の流れ

① 『自分たちが考えてつくった商品を，1分程度のテレビ・コマーシャルで宣伝してください』のように課題を示します。
② グループごとに話し合い，多くのアイデアを出します。そして，1つに絞り込みます。
③ アイデアに沿ったストーリーをつくり，セリフ，配役を決めたらリハーサルを行います。
④ 各グループが順番に発表を行います。

使いこなすために

最初は，「自分のクラスCM」「自分の学校CM」など，すでにもっている情報量が多いものから始めるとやりやすいです。何を中心にアピールしたいか，そして，それにふさわしいキャッチコピーを考えるとよいでしょう。形式としては，ストーリーがあるもの，説明的・かけ合い的な会話があるもの，クイズ形式，歌によるCMなど。道徳授業で公共CM，各教科で学んだことをもとにしたCM，子ども会からの訴えのCMなど，いろいろな場面で応用できます。

指導事例　中学校3年　社会：インパクトのあるメッセージだね

　初めての CM づくり，テーマは人権擁護です。人権の勉強をした後，

『守られていない人権とはどんな人権か考えてみましょうか』

と子どもに投げかけ，具体例を挙げさせました。

　多数の差別やハラスメント，いじめ，虐待，DV 被害などなど，子どもたち自身もビックリするくらい次々に守られていない人権の具体例が挙がりました。

『CM と言えば，一番大事なことは，さぁ何でしょうか』

「ストーリー」

「出演者選び」

「場面設定」…

『場面設定もストーリーも大事だけど，ほんの数分間の短い CM だよ。一番大事なのは，キャッチコピーでしょう。印象的な一言を入れなきゃね！』

「そうか，何にする？」

「人権を守らなきゃと思える，グッとくる一言だよね」

「これはどう？」…

　子どもたちはキャッチコピーを考えるうちに，ストーリーや場面設定のアイデアがどんどん湧いてきたようでした。

　板書した具体例をカテゴリーに分けて班分けをし，それぞれの班に CM づくりをさせました。本番で出てきたキャッチコピーには，このようなものがありました。

・視覚障がい者が介助犬を誇らしげに，「私には仲間がいます」

・パラリンピック選手が走り幅跳びをした後に，「この足（義足）があるから私は障がい者じゃないのよ」

・DV 被害者の女性が「身体が固まって動けなくなって，頭が真っ白になるの。笑い方を思い出せない」

公開インタビュー

> 「公開インタビュー」は記者会見のように，発表者がフロアからの質問に答えることで進行する発表形式です。発表者はイマジネーションではなく，自分の知っていることを話すところが，後で紹介する「ホット・シーティング」（p.128）と異なっています。質問者が多数いるので，様々な視点が交錯して出来事に対する認識を深めることができます。

活動の流れ

① 発表する子どもに教室の前に出てきてもらいます。イメージは記者会見と同じです。発表者は1人でも複数でもよいでしょう。

② 司会者が開始を告げ，まず発表者から報告をします。次にフロアからの質問に移ります。司会者は，教師でも子どもでもよいでしょう。

③ 質問は1人1項目で質問し，発表者はそれに答えます。

④ これを繰り返します。

使いこなすために

テーマに対する学習が行われた後で行うと，報告も質問も深まりやすいです。報告者は聞かれそうな質問を想定し，質問者もあらかじめ質問を準備しておくとよい質問ができます。個々バラバラの質問でなく，「先ほど…と言う報告がありましたが，それは〜ということですか？」など報告や他の質問に絡めた質問をするようにしたいところです。質問と答えが繰り返されるうちに，より深い質問，答えが出てきます。わからないこと，答えたくないことには「答えられません」と断ってもよいことにします。

指導事例　中学校2年　総合的な学習の時間：質問と答えの真剣勝負

　中学校2年生で，各クラスに留学生が3人ずつやってくる国際交流プログラムを行っています。各クラスでは，事前に留学生の出身国の地理，歴史，経済・産業，言葉などをグループごとに分担して調べ，発表会を行いました。

　当日は発表で使ったポスター，出身国の言葉で書いた「歓迎」の言葉，国旗などを貼って，教室はにぎやかな雰囲気です。子どもの司会者も決め，最低限の質問も用意しておきます。

　今年は韓国，モンゴル，インドの留学生がやってきました。留学生たちは，民族衣装を着たり，写真や地図など用意したりしてスタンバイします。子ども代表の案内で教室に入ると，大拍手。最初は留学生からのプレゼンテーションを聞きます。

　そして，インタビューが始まりました。

子 ど も：好きなスポーツは何ですか？

留学生A：相撲です。モンゴルでは，日本の相撲がとても人気があります。モンゴル出身の白鵬関を応援していますよ。

子 ど も：どうして日本に来たのですか？

留学生B：私は将来日本の会社で働きたいと思って来ました。

留学生C：私も将来韓国と日本をつなぐ仕事をしたいと思っています。それに私は日本のアニメが大好きなので。（笑）

子 ど も：（インドからの留学生Bに）インドのカレーと日本のカレー，どちらが美味しいですか？

留学生B：どちらも美味しいです。でも，インドのカレーの方がずっとスパイシーです。においも強いですよ。

　留学生との交流で，子どもたちはこれらの国に対しいっそう親しみと興味を覚えたようです。

クイズ・ショー

> 　テレビのクイズ・ショー形式を使って，リサーチしたことを発表します。クイズに答えてもらうことで，子どもたちがより集中し，活動への参加感を強めることができます。クイズを出す側としても，クイズをつくる中で情報の選択，表現の工夫，重要な事柄の焦点化など情報処理技術の第一歩を学ぶことができます。

活動の流れ

① 　リサーチにもとづきクイズの問題を用意します。個人でもグループでもどちらでもよいでしょう。

② 　ルールや解答スタイルも決めておきます。個人で答えるのか，グループで相談して答えるのか，解答方法は〇×形式か，三択か，自由解答方式か，合っていた場合の得点はどうするのか，など。

③ 　クイズを出し，答えてもらいます。

④ 　出題者（グループ）は正解を言い，得点を確認します。

使いこなすために

　学習テーマにそってリサーチをします。大事なことは何か，調べていて意外だったことは何か，など書き出していきます。その中から問題づくりを行います。問題は，解答者の知識や理解の程度に応じて出題します。あまりに難しかったり，逆にやさしすぎたりしないように配慮します。

　学習プレゼンテーションとしてのクイズなので，正解を言うだけでなく，コメントしたり解説したりするようにしましょう。

指導事例 　中学校3年　社会：つくるのも答えるのも楽しい

　公民の授業では日本の社会保障制度を学習しますが，子どもにとってはあまり身近ではなく，関心が薄い学習項目です。そういうときこそ，アクティビティの出番です。

　班ごとに医療保険・年金・介護などを分担し，発表学習を行いました。年金班はアクティビティの中でも取り入れやすい「クイズ・ショー」で発表を行いました。

司会役：クイズ『若者よ，知っておけ！』の時間がやってまいりました。今日のテーマは『年金』です。本日解説してくださるのは厚生労働省年金課の山本課長です。どうぞよろしくお願いいたします。

出題者：では，さっそく第1問です。年金は保険ですから保険料を払わなければなりません。

　　　　さぁ，年金の保険料はいったい何歳から払うでしょうか？
　　　　①20歳から
　　　　②40歳から
　　　　③50歳から

司会役：さぁ，各班相談して番号札をあげてください。

司会役：各班出そろいましたね。では答えを山本課長，お願いいたします。

　課長役から答えの発表と解説がされます。保険料は20歳から払うと聞いて，子どもたちがどよめきました。

出題者：続きまして第2問です。

　こうしてクイズは続いていきました。

ニュース・ショー

ニュース・ショーはテレビ各局の花形番組です。メインキャスターがいて，コメンテーター，ゲスト，レポーターなどがこれを支えます。ニュースをさまざまな形式で飽きさせないように視聴者に伝えていきます。この形式を使ってプレゼンテーションをするとどうなるでしょう。ニュースの読み上げ，フリップを使った解説，再現ビデオ，現地レポートなどさまざまな表現手段を組み合わせ，多彩で総合的なプレゼンテーションが可能になります。

活動の流れ

①　グループで話し合ってテーマを決めます。

②　リサーチを行い，関連情報を集めます。

③　情報の編集作業を行い，伝えたい事実やメッセージを絞り込みます。

④　役割分担（キャスター，レポーターなど）や発表の流れを決めます。

⑤　各自の発言メモをつくります。

⑥　リハーサルを行った後，発表します。

使いこなすために

テーマは現代の現実のニュースである必要はありません。過去の出来事，未来の出来事，フィクションの世界のニュースでもよいでしょう。教科学習の内容をニュース・ショーにしても面白いです。時空を超えてテーマや場面を設定することができます。トップニュース，インタビュー，現地レポート，再現シーンなど複数の場面で構成したいところです。途中に架空 CM や天気予報など入れるとリアル感が増し，楽しさもアップします。

指導事例　中学校１〜３年　総合的な学習の時間：臨場感がポイントです

　中学校１〜３年合同の総合的な学習の時間（２時間連続）を利用しました。どのようにすれば情報をわかりやすく伝えることができるかを，子どもたちに考えてもらいたいと思って計画しました。

　まず，テレビのニュース・ショーを説明します。作業時間の目安と今回の条件（グループのメンバー全員が出演すること，発表する時間は５分間）を伝えます。そして，聞く人を惹きつける力の必要性を強調します。

　テーマは「さまざまな仕事」です。リサーチはすでに行ってあります。発表の準備時間は30分。さっそくグループに分かれ，準備を始めました。あるグループの発表を紹介しましょう。

キャスター：今回は○○リゾートのスタッフの方々にインタビューを行います。中継のかわべさ〜ん！

レポーター：は〜い。今回はリゾートのスタッフの方々にインタビューをしていこうと思います。

レポーター：まず，料理店で働いている方にインタビューをします。どんなことに注意して料理をつくっていますか。

スタッフＡ：マスクや手袋，帽子などの着用や消毒などを徹底して衛生面に気をつけています。

レポーター：なるほど。では，仕事をされていて楽しいと思ったことは何かありますか？

スタッフＡ：お客様から美味しいと言われて，笑顔が見られたときです。

レポーター：ありがとうございます。次にアトラクションのスタッフの方にお聞きします…。

　限られた時間で取り組んだので，子どもの集中力はいつもよりもはるかに高かったようです。

ポスター・セッション

> 　ポスターをつくり，それを補助材料として口頭メッセージを伝える発表形式です。ポスターをつくる作業をすることで話し手にとっては内容が整理され，伝えたいことが明確になっていきます。また，聞き手にとっては視覚情報と聴覚情報が同時に与えられることで，話を聞くだけよりもずっと理解しやすくなります。

活動の流れ

① 　発表テーマを決めます。

② 　リサーチを行い，発表することをまとめます。

③ 　内容が伝わりやすくなるようなポスターを制作します（個人でもグループでも可）。それと同時に，口頭発表の原稿をつくります。

④ 　声に出してポスターを見せながら説明する練習をします。

⑤ 　聞く人の反応を見ながら説明します。

⑥ 　聞く人からの質問を受けます。

使いこなすために

　テーマは子どもが自分で選ぶ場合と教師から与える場合があります。あまり大きなテーマでなく，まとめられそうなテーマを選ぶとよいでしょう。資料や文献，聞き取りによってリサーチし，ポスターと原稿をつくります。自分の意見や感想も織り込むようアドバイスします。発表場面では，パネルにポスターを貼って報告者はその横に立ちます。他の子どもたちはそれらをめぐりながら，興味をもった発表の説明を聞いたり質問したりします。こうすれば，限られた時間に多数の発表活動が可能になります。

指導事例　中学校1〜3年　総合的な学習の時間：あなたは解説者

　中学校1〜3年合同の総合的な学習の時間（2時間連続）を利用しました。2時間連続（およそ110分）で，テーマ決めからポスター作製，ポスター発表，意見感想記入までという，とても厳しい条件です。

　ここでは，自分たちで好きに組んだ3人グループで関心あるテーマについて，問題点と解決法をポスターにより他の人にわかりやすく伝えることに取り組みました。「気候変動」「地球温暖化」「海洋プラスチックごみ」「世界の地震」「クワガタ」など，社会問題から個人的趣味までさまざまなテーマが出てきました。

　ポスターは，各グループともに文字が読みやすいように，大きさやきれいさに注意して書かれていて，目を引くように色使いやイラストを多用するなどの工夫も多く見られました。人に見てもらうという意識が芽生えているのでしょう。

　発表は複数個所で行いましたが，そのことによって非常に活気あふれた教室風景となりました。ここでは「海洋プラスチックごみ」のグループの発表を紹介しましょう。

子A：私たちのグループは海洋プラスチックごみについて考えました。

子B：最近，海岸に死んだクジラが打ち寄せられました。その胃の中から，大量のプラスチックごみが出てきて，ビニール袋とか…。

子C：どうしてクジラのおなかの中にプラスチックごみが入ってしまったのでしょうか。それは，クジラが食べ物と間違えて食べてしまったからです。

子D：それが大きなボールのように固まって…。それがクジラのおなかの中でつまってしまい，死んだようです。やばいです。本当にやばいです。

　かわいいクジラのイラストが描いてあるポスターを見せながら，説明は続きました。

41

彫刻リレー（ポーズ送り）

隣の人の耳にささやいて言葉を伝えるのは伝言ゲーム。言葉なしでポーズを伝えていくのが「彫刻リレー」です。多くの場合，意図したポーズはそのとおりにうまく伝わりません。思わぬものに変化して伝わったりする様子を楽しみましょう。動きがないので，誰でも参加できる身体表現の第一歩です。

活動の流れ

①　参加者は2〜3グループに分かれ，それぞれ1列に並んで後ろ向きに座ります。

②　1番目の人を呼び，「マラソンランナーのゴールシーン」などお題を与えます。その人はポーズを考えます。

③　1番目の人はポーズが決まったら，2番目の人に振り返ってもらい自分のポーズを見せます。その際，言葉は一切発してはいけません。

④　2番目の人は3番目の人に振り返ってもらい，ポーズを送ります。

⑤　最後の人がポーズを終えたら，1番目の人が最初のポーズを行います。

⑥　何を表すポーズだと思ったか，最後の人から順に聞いていきます。

使いこなすために

あまり列が長くなると時間がかかり間延びするので，1つの列は7〜8人にとどめます。てきぱきと進行すること。人数が多い場合には，半分の人が行ってあとの半分は見学するなど，臨機応変に対応します。

ポーズを送るときについ声を発しがちなのと，ポーズを動きで表現しようとしがちなので，気をつけましょう。

指導事例　小学校2年　国語：伝えるって難しい

　クラスのじゅんぺいとたけしに前に出てもらいます。教師がお題「クマさんがやって来て，こんにちは」を出します。

　体育の「お話マット」（マットを使う遊びをしたり，動物の動きを模倣したりして表現しながら身体感覚を高めることを目指した，小学校低学年対象の体育の指導法）の動きをじゅんぺいがして，たけしは「クマさんがやって来て，こんにちは」と歌いながら答えました。

『さすが，2人とも上手だね』
『今日やるゲームは，じゅんぺい君のように後ろのたけし君にポーズを送ります。列の最後の人がポーズを言葉にして発表します』
「先生，いつもやる伝言ゲームに似ているね」

　前列6人にお題「おさるが，雲梯をする」を小声で伝えます。
　子どもたちは，ポーズを考えながら列に戻ります。手を叩いてスタートします。前列6人が次の人の肩を叩き，ポーズを送ります。顔をお猿にすると笑いが起きて騒がしくなります。雲梯はわかりやすいようです。列の最後の人に伝わるまで待ちます。

『それでは廊下側の列から言葉を発表してもらいます』
「さるが雲梯している」「おさるの雲梯」「おさるが，雲梯」など，1回目にしては十分伝わっていました。
『皆さん，すばらしい。よく伝わりました』（拍手）
「先生，もう一回やろう」
　ここで正確に言葉が伝わるように「○○が△△をした」という文の主語と述語を教えます。2回目は列の後ろから始めます。お題「ゾウさんがタイヤ跳びをした」を出します。うれしそうな子どもたちの笑顔が見えます。

何やってるの？

　本を読んでいるしぐさをしている人に「何やってるの？」と尋ねると，「ラーメン食べてるの」と言います。それを聞いた人はラーメンを食べる動作をします。目で見た動作をリレーするのでなく，聞いたことをつないでいくジェスチャーゲームです。実際に身体が行っている動作と，「何やってるの？」に対して答える言葉とがまったく異なるギャップを楽しみます。

活動の流れ

① 　みんなで輪になって順番を決めます。
② 　1番目の人が輪の中に入り，例えば，「食事をしている」などある動作をします。
③ 　2番目の人はその動作を見て「何やってるの？」と尋ねます。
④ 　1番目の人は，自分の今やっている動作ではない動作を答えます。例えば今，食事の動作をしているのに「木を切ってるの」と答えます。
⑤ 　今度は，2番目の人が木を切る動作をします。
⑥ 　3番目の人が同様に「何やってるの？」と尋ねます。2番目の人は木を切りながら，「テニスしてるの」と答えます。これを繰り返します。

使いこなすために

　身体表現が自然に行われ，人前で体を動かすことがちょっと苦手な子どもでも，表現することを楽しめる不思議なアクティビティです。うまく演じようとしなくてもよいでしょう。他の人がやった動作はやらないようにすると，いろいろな新しい動作が出てきて楽しいです。

指導事例　小学校5年　体育：聞いてみなくちゃわからない

　体育の体ほぐしの運動で行います。準備体操後，集合した学級13人の子どもたちは，今日の体育で何をやるのか興味津々です。

　初めに輪になることを伝え，中央に教師が入ります。左足を前に出して腰を落とし，全身を上下させて右手でバスケットボールのドリブルの動作を大げさに行います。数人から笑いが起こります。

　（事前に伝えておいた）教師の左横のみさきさんが，「何やってるの？」と中央にいる教師に聞きます。元気な声で『テニスをしてるの』と答えます。「えっ！」子どもたちは動作と違う答えに驚きます。

　『あのね，尋ねた人が輪の中に入り，言われた動作をするんだよ』 と説明すると子どもたちはうなずき，ノリのいい子数人がやる気になっていきます。「おい，真似するなよ」と言いながら，子どもたちは少し考えます。

『じゃあ本番ね』

　輪の中心にいる教師は，バドミントンのラケットを振る動きをします。周りの全員が動きを真似ます。

みさき：何やってるの？

先　生：バレーボールをやってるの。

　笑いが起こります。先生が抜けて，みさきさんが輪の真ん中に入り，バレーボールのパスの動きをします。周りの全員がみさきさんの動きを真似ます。

大　輔：何やってるの？

みさき：サッカーをしているの。

　みさきさんが抜け，大輔君が輪の真ん中に入り，足でボールを蹴る動きをします。周りの全員が大輔君の動きを真似ます。

　説明の言葉と，動作の何ともちぐはぐなズレに，笑いの絶えないひと時となりました。

43

ワンタッチ・オブジェ

> お題は「木」。幹があり根があり葉もあります，枝には花が咲いているかもしれませんし，小鳥が遊びに来ていることも。1人ずつ即興で表現に加わり，全体で1つのオブジェをつくりましょう。あるイメージを，身体まるごとで瞬間的に表現します。一人ひとりの思いは違っていても，みんなでつながると驚くほど迫力のある表現になります。

活動の流れ

① 全員で丸い輪になり，時計回りでＡ，Ｂ，Ａ，Ｂと言ってもらいます。

② 「花」などのテーマを示します。子どもは順に輪の中に入り，自分の思う花のイメージを体で表現します。ただし誰かの身体とどこかが触れ合っていること。こうして全体が一つの花のイメージを構成します。

③ Ａチームは静かにその場を離れ，Ｂチームのオブジェを鑑賞します。

④ 「次は木になろう」と言います。Ａチームは木のイメージでＢチームの中に入っていきます。森の中に花が咲いている情景が現れます。

⑤ 次のテーマではＢチームが抜けてＡチームのオブジェを鑑賞します。

⑥ 次々にテーマを与えて繰り返します。

使いこなすために

　テーマは花，木，川，火山などの自然物でもよいですし，希望，怒りなど抽象的なものでもよいでしょう。初めは慣れないので，前の人の表現に引っ張られたり，一部にダンゴ状に固まったりしやすいです。慣れていくと表現の面白さに気づき，のびのびしたポーズがつくれるようになります。

指導事例　中学校１・２年　特別活動：つながるって楽しいです

　１・２年生が20名いる中学校の吹奏楽部で行いました。

『曲のイメージを身体で表現してみましょう』

と呼びかけると，身体表現に慣れていない子どもたちから「え〜」の声。

　机を前に寄せて，音楽教室半分ほどのスペースを確保。全員にＡ，Ｂ，Ａ，Ｂとグループを割り当てます。

『これから自分たちの演奏している曲のイメージ思いきりふくらませてみましょう！　最初の曲はみんなで「威風堂々」！　はい30秒！』

と指示を出します。

　見ると，ほとんど全員が両手を腰に当てて胸をそらす姿勢になりました。

『じゃあ，Ａの子どもたち，静かに抜けて鑑賞してみましょう』

　オブジェを取り囲んだ子どもたちからも，「みんな同じポーズだね」の声が聞こえます。

　次の曲は「花のワルツ」。今度はＡの子どもたちが表現する番です。踊るようなポーズ，花をささげるようなポーズなどが見られ，グンと変化が出てきました。

　３つ目の曲は「ホワイト・クリスマス」。先ほどは類型的だったＢの子どもたちの表現にも変化が現れます。２人がそれぞれ右手と左手を挙げて１つのポーズになるもの，「花のワルツ」の子のポーズに呼応するような姿勢をとるものなどバリエーションが増してきました。

　最初こそとまどっていましたが，回を重ねるごとにポーズのバリエーションが増え，楽しそうに動いていました。ただ。「必ず誰かの一部に触れる」というのが難しいらしく，ポーズのアイデアに苦しんでいる子どもも見られました。

44

フリーズ・フレーム

> ある場面を切り取った写真や静止画。身体を使ってその静止画になってみるのが「フリーズ・フレーム」です。静止画は1枚でもよいですし，数枚の場面で組み写真のように構成してもよいでしょう。ストップモーションのように静止した状態を表現することで，場面を焦点化できます。セリフや動作がないので，比較的演じやすいです。象徴的表現や，絵画的構成も可能になります。

活動の流れ

① テーマを決めます。シーンの数も指定します。
② グループの中でどう表現するか話し合います。
③ それぞれの場面の位置とポーズを決め，リハーサルを行います。
④ 発表し，お互いに鑑賞します。

使いこなすために

　「綱引き」「スイカ割り」など最初は具体的で，みんなが共通に知っているテーマから始めるとよいでしょう。どのシーンを選び取るかは，その作品の解釈にもつながります。例えば，「笠子地蔵」のお話を4枚の静止画で表す，など数枚の組み写真にするとストーリーも表現できます。シーンごとの切り替え・移動をサッと行うと引き締まった感じがします。

　表現している途中に登場人物に近づき，肩などに軽く触れてその人にスポットライトを当てる感じで，「あなたはだれですか？」とか「なぜそうしたの？」と投げかけます。登場人物は即興で答えます。この技法を「思考の軌跡」(p.14)といい，フリーズ・フレームの中でよく使われます。

『今から，２つのチームに分かれましょう。そして，みんなが知っている昔話からシーンを選んで，写真のように表現してみます』

『例えば桃太郎だったら，どんなシーンがあるかな？』

「桃が流れていく」「桃を切る」「キビ団子をあげている」「鬼と戦っている」「宝物を持って家に帰る」などいろいろ出てきます。

『そのシーンを３つに絞って，シーン１，シーン２，シーン３と写真のように演じるんだ。もちろん言葉はなし』

こうして，15分の相談タイムが始まりました。先生はアドバイスを極力控え，アイデアが出てきたらそれを楽しみます。

「何にする？」「浦島，浦島太郎でいいよ」「みんなは？」「それでいい」

「じゃあ，いくみが太郎ね」「俺カメをいじめる」「俺も」「俺も」

「誰がカメやるんだよ」

「カメってこんな感じ？」

「そうそう」（カメをいじめ始める）

『動かないんだよ。とまった写真みたいにするんだ』

「こう？」

そうして，いよいよ発表です。教師が司会をしてグループごとに演じます。最初に出てきたのは浦島太郎グループ。シーンの切り替えは司会が行います。

シーン１はカメがいじめられています。１人が床に腹ばいになり，周りに子どもたち。蹴ったりたたいたりのシーン。シーン２はカメに乗って竜宮城に行きます。カメにまたがった太郎。周りには魚や海藻になった子たち。シーン３は竜宮城でごちそうを食べています。２人が立って向かい合い，手と手を合わせて屋根の形。これは竜宮城を表し，その下では太郎と乙姫様がごちそうを食べています。

演技が終わったところで教師から，『最初に演じるグループって緊張するよね。まずそのことに拍手』と奮闘をねぎらいました。

45

音の風景（サウンドスケープ）

真夏の昼下がり，公園の木陰にたたずむと聞こえる音は？　セミの声，こずえを揺らす風の音，木々の葉擦れの音，駆け回る子どもの歓声…。みんなで音を真似てみましょう，ほら，ここにその公園が…。風景を構成する音や場面に出てくる会話を全員で声に出すことで，その場にいるような臨場感が味わえます。それぞれの音や声の入るタイミング，強弱なども工夫しましょう。音で情景をつくり出す，子どもたちのイマジネーションを豊かに育てるアクティビティです。

活動の流れ

① 　場面を決めます。
② 　どのような音や声が聞こえるか洗い出します。
③ 　分担を決め，グループや個人で音や声を発する場面を分けます。どのような音や声を発するか，音や声の強弱やタイミングも考えます。
④ 　練習し，発表します。

使いこなすために

駅，商店街，動物園，スタジアムなど，いろいろな音や声が聞こえてくるような場面を選びます。国語の物語文の一場面を再現してもよいでしょう。その場面ならどのような音や声が聞こえてくるか考えます。社会科の歴史の一場面を音で再現する（蒙古襲来，本能寺の変），さらに校外学習で行ったところを音で再現するなどです。

なかなか声を出しにくい子どもがいる場合は，みんなで歌ったり早口言葉で遊んだりするなどウォーミングアップを十分するとよいでしょう。

指導事例　小学校5・6年　特別活動：人の声でつくる世界

『いろんな音や声がたくさん聞こえてくる場所はどこ？』

「駅」「山」「ライブ」「バーゲン」「スーパー」「教室」「サッカーの試合」
など挙がりましたが，その中から，まずバーゲン会場を選びました。

『どんな声が聞こえてくるかな？』

「じゃまよ！」「どきなさい！」「私のものよ！」などと答えます。

『なるほど。それはお客さんの声だね。他にどんな人がいる？』

「店員さん」「お待ちください！」「並んでください！」「完売しました！」
などと答えます。

『いいね。じゃあお客さんをやりたい人と，店員さんをやりたい人に分か
れて，一人ひとりどんなセリフを言うか決めよう』

お客さんが7人，店員さんが2人。教師は指揮者役になり，指揮棒（手）
が低いときは小さな声，上がってきたらだんだん声量も上げていくよう頼ん
でおきます。

『最初はお客さんだけでやってみましょう』

小さい声から始め，手を挙げていってだんだん盛り上げていく場面をつく
ります。ある程度盛り上がったら，いったん切ります。子どもたちは声が大
きくなるにつれて表情がゆるみ，場面づくりを楽しんでいるようでした。

『じゃあ，今度は盛り上がったら店員さんにも入ってもらおう。店員さん
が大きな声で何か言うから，お客さんはびっくりしてすっと引く，そういう
場面をイメージしてつくってみましょう』

前回と同じように小さい声で始め，盛り上がったところで反対の手で店員
さんに合図。同時にお客さんの声のボリュームをさっと落としました。

「話し声がぴたっととまったのがすごかった」「こんなことで劇ができるん
だ」というような感想がありました。

ホット・シーティング

昔話「鶴の恩返し」をもとにしたホット・シーティング。あなたはみんなから質問を受けています。

Q：どうして約束を破ってのぞいたのですか？

A：見るなって言われると，余計見たくなってしまって…。

「ホット・シート」に座ったら，登場人物になって答えましょう。テキストの内容や，ある場面の登場人物の心情などをより深く理解することがねらいです。答える中身も大事ですが，どのような質問をするかがカギとなります。

活動の流れ

① 資料となる文や映像などを読んだり見たりして理解を深めます。

② 資料の中の登場人物の誰がホット・シートに座る人かを決めます。

③ 質問を考えます。

④ ホット・シートに座る人を決めます。教師でもよいでしょう。

⑤ ホット・シートに座った人に対し，次々に質問していきます。座った人は登場人物になりきって答えます。

使いこなすために

登場人物に対するリサーチや読み込みが深く行われていると，質問が充実していきます。国語科，社会科，道徳など用途は広いです。回答者を問い詰めることが目的ではありません。その人物が置かれている立場や心情に寄り添うことが大切です。難しい質問は，「答えられません」「わかりません」と答えてよいことにします。

指導事例　中学校1年　理科：座っているあなたが主人公

　授業開始時に，前回の授業の発展的復習として，事前に担当者を決めて教室の前のホット・シートに座らせます。

先生：きょうは誰が来たのですか？　自己紹介をお願いします。
子A：私は，砂です。
子B：どこの砂ですか？
子A：そのへんにある砂です。
子C：それでは，何を聞いていいのかわからないよ。
先生：砂でしたら，地面の中，植物のこともわかっているんじゃないかな。

　ちょうど，植物のことを学び終えたところでしたので，復習するにはとてもいい「賓客（ホット・シートに座る役割）」でした。砂であれば，この後に学ぶ予定の「大地の変化」で，川の流れで土砂が流されていく話題も出てきますので，その予習にもなっていいと考えました。

子D：砂さんは，元々どこにいたのですか。ずっと，そこにいたのですか？
子A：元はサハラ砂漠から来ました。
子B：そこからどうやってきたのですか？
子A：風に飛ばされてきました。

　思わぬ方に話が広がっていきます。そこで，偏西風や貿易船など多岐にわたる話題に持ち込むことができます。

　ホット・シートに座った人のふと発した一言の中に，思いがけない真実が含まれている場合もあります。その場で感じたこと気づいたことを大事にしたいところです。

ロールプレイ

> 身体を使って誰かに「なる」入門的な技法です。自分ではない他の人を演じてみましょう。うまく演じてみせる必要はありません。その立場に身を置くことで，その人物なら何を考えどう感じるか，何と言いどう行動するかなど，他者の置かれた立場を体験することが目的です。

活動の流れ

①　場面，状況を設定します。テキストがあれば読み合います。

②　役割分担をします。

③　セリフは決まっているので，登場人物たちがどう動いたかを話し合い，演じてみます。慣れてきたら，最初のセリフだけを決め，後は即興で行うやり方もあります。

④　シーンが終わった後，役を演じた人に何を感じたか，何を思ったかを聞きます。同じように見ていた人にも聞いていきます。

⑤　演じる人を変えて同じシーンを繰り返します。

使いこなすために

　演技の長さは扱う材料によって異なりますが，無理に長く行う必要はありません。慣れていない子どもにとって人前で演じることはかなり難しいので，設定やキャラクターを明確にする，小道具を用意する，教師も一緒に演じて劇的な空間に招き入れる（ティーチャー・イン・ロール，p.14），ポジティブに評価するなど工夫をしたいところです。

指導事例　中学校3年　特別活動：なりきったら見えてきます

『高校入試が近づいてきました。今日は皆さんに面接試験を受ける受験生と，面接試験官の両方の立場を経験してもらいたいと思います』

『3人グループになってください。1人が面接官，もう1人が受験生，最後の人は観察者です。面接試験のようにしっかりと対面して座ってください。では始め』

背筋を伸ばして試験の雰囲気でやっているグループ，普段の仲良しがグループになり，ちょっと真剣味に欠けるグループ，遠慮し合ってなかなか始まらないグループなどなど。あまり無理強いはしないようにしながら，声をかけて回ります。

試験官：お名前を言ってください。

試験官：この学校を選んだ志望動機は何ですか？

子どもたちの質問は，よく尋ねられるような質問が多いです。中には，

試験官：不得意科目は何ですか。それを克服するために何をしていますか？

試験官：いじめについてどう思いますか？

など，つっこんだ質問をしているグループもあります。

『5分経ちました。観察者と試験官は受験生にアドバイスしてあげてください』

と声かけをします。

「前を向いて，相手の顔を見た方がいいよ」「声がこもって聞き取りにくいのでもっとハキハキと」などさまざまなアドバイスをしていました。

『役割を交代して，また始めましょう』

と続けます。

見せることが目的ではなく，内面に何が起きるかを発見することが目的ですので，振り返りを大事にします。演じ終わった後，どのような気持ちがしたか，何を考えたかを聞き，思考を深めていきましょう。

48

ティーチャー・イン・ロール

> 　教師自身が登場人物になり，演技することで，学習者たちを自然にドラマ世界に招き入れる技法です。
>
> 　『私は清少納言。宮中にお仕えしております。あら，あそこで何やらガールズトーク，ちょっと聞き耳を立ててみましょうか？』
>
> 　こうして教室は一気に平安時代へ…。教師の演技は学習者に演技のモデルを示し，自分もやってみようかという雰囲気をつくり出す効果があります。

活動の流れ

①　学習の中で焦点を当てたいことを選び，それをドラマ化します。

②　子どもたちは，そのドラマの中で割り当てられた自分の役を演じます。

③　教師もある役を演じ，子どもたちとやりとりをします。

④　ドラマの中で何が起きたのか，それぞれが何を考えたのかを振り返ります。

使いこなすために

　この技法では教師が役を演じ，普段の教室と違うドラマ空間を生み出し，子どもたちをリードしていきます。教師が子どもにはちょっと難しい役や，舞台回しのような仲介役を演じることで，ドラマが円滑に進んでいきます。

　今，ドラマがどこまで進んでいるか，このドラマの大事なところはどこか，などを意識しながら演じるとよいでしょう。

　演技は特にうまくなくてもかまいません。気軽にやってみましょう。

指導事例　小学校2年　生活：先生だって演じるよ

　梅雨の時候をめぐっての劇遊びを通じて，家庭や地域という社会事象と，身の回りの自然事象についての認識を深めていく活動を設定しました。クラスの38名の児童を6つのグループ（各6〜7人）に分け，それぞれ3グループずつ「雨ふれチーム」「お天気チーム」に分かれます。

　「雨ふれチーム」は，雨が降って喜んでいる生き物や人の様子を，一方「お天気チーム」は雨が降って困っている生き物や人の様子を演じます。

　教師は，「お天気の神様」です。

V

演劇的な表現を楽しみ、想像力を培う

神　様：さあ，これから『お天気裁判』を開いて，どっちの方が困っているのか，聞かせてもらおう。明日の天気は，この裁判に勝った方の言うとおりにしてあげようではないか。

全　員：お天気裁判の〜，始まり，始まりー。

　「雨ふれチーム1」の植物グループは，毎日，日照り続きで枯れかかって苦しんでいる植物が，やっと降り出した雨のおかげで，どんどん元気になる様子を表現しました。カラフルなビニール傘をあじさいに見立て，花が開く様子を演じました。

雨ふれ：お願いです，雨にしてください。

神　様：うーん，なるほど。

　「お天気チーム1」の郵便屋さん・新聞屋さんグループは，突然に降り出す雨で配達する物が濡れて，とても困ってしまう様子を表現しました。

お天気：お願いです，晴れにしてください。

　このように，各グループがそれぞれの立場で神様に訴えます。

神　様：うーん，なるほど。さーて，困ったもんじゃのう。どうしようかのう。よーし，それでは…明日の天気は○○にしよう！

49

心の声

「ハイ，承知致しました」心の中では（エ〜，難しいよ，無理だよ〜）
　人は思っていることをそのまま口にするとは限りません。でも，心の声をそのまま言ってみたら…？　その人の身になって心の内を推測してみましょう。それを表現することで，思いの強さや心の揺れを体感し，置かれた状況も深く理解することができます。

活動の流れ

①　テキストは文学作品，絵や写真，資料など何でもよいでしょう。
②　題材を学習する中で，登場人物のある場面の心の中の声を推測して発表してもらいます。その発表は，登場人物になりきって気持ちを込めて言うことが大事です。
③　発表してみた感想，他の人の発表を聞いた感想など，それぞれが何を考えたのか振り返ります。

使いこなすために

　登場人物の誰にフォーカスするのか，どの場面の心の声を聞くのか，ねらいを明確に定めます。
　なりきって発表するためには，場面づくりが大事。雰囲気を出すために発表形式や小道具などを工夫しましょう。
　このアクティビティによって，同じ登場人物の心の声が，人によってさまざまに解釈され表現されることで，いろいろな人の考え方，感じ方の違いにも触れることができます。

指導事例　中学校2年　特別の教科 道徳：語られない言葉に耳をすまそう

　真耶はチームの主将。明日は全国大会をかけた大切な試合です。ところが，九州にいるおばあちゃんが危篤との知らせが舞い込みます。

　昨年まで同居して，忙しい両親の代わりに真耶を育ててくれた，大好きなおばあちゃん。さぁ，真耶はどうする!?　というストーリーです。

　マネージャー，後輩，おばあちゃんの他に，前年度悔しい思いをした先輩，副主将，九州のおじさんなどの役を設定します。

　どんな言葉を投げかけるか，まず子どもたちに言ってもらいます。

マネージャー：行っておいで。試合はみんなで頑張るから。もう二度とおばあちゃんには会えないかもしれないじゃない。

おばあちゃん：私に構わず試合に臨みなさい。勝って笑顔でここに来るまで，おばあちゃん頑張るから。

先　　　生：真耶とおばあちゃん，それぞれの心の内はどうなんだろうね。どんな葛藤があったと思う？　それを今度は口に出してみましょうか。

おばあちゃん（私のせいで大事な試合を棒に振ってほしくない。…でもやっぱり，一目でいいからもう一度会いたいねぇ…）

真　　　耶（みんなの気遣いは痛いほどわかる。でもあのつらい練習は何のため？　勝ちたい！）

真　　　耶（私が出なくて勝てる？　出ないなんて悔しい。だけどおばあちゃんに会えなかったら一生後悔？　おばあちゃーん！）

　決断の難しさを，子どもたちはひしひしと感じているようです。最後は一人ひとり，もし自分が真耶だったらどうするか考え，決断を書いてくることを宿題としました。

50

専門家のマント

あなたはあこがれと尊敬の対象，専門家です。豊富な知識をもち，質問も何でも来い！　長いマントをまとって雰囲気を盛り上げてもよいでしょう。「専門家のマント」は，学習テーマに関連した課題についてよく知っている専門家になりきり，演じるアクティビティです。専門家は自分の知識に責任を負うとともに，それを他の人にわかりやすく伝える役割をもちます。

活動の流れ

① 課題を提示します。
② 子どもはグループごとに本やインターネット，本当の専門家にインタビューするなどして必要な専門知識を得て課題に取り組みます。
③ 各グループが，専門家になりきって報告したり，議論したりします。

使いこなすために

専門家という役割を担うことで，自らの知識に誇りと責任をもたせることができます。また，目標をもつことで，主体的にリサーチワークに取り組む励みになります。

リサーチワークが必要なため，この技法ではまとまった時間が必要とされることが多いです。しかし，工夫次第ではリサーチなしあるいは短いリサーチで行うこともできます。司書教諭などと打ち合わせをして，必要な資料を確保します。内容に応じて本物の専門家に取材できるような場を準備します。

ちょっとした小道具やそれらしい衣装を用意することで，気持ちが盛り上がります。保護者にも案内して発表を聞いてもらいましょう。

指導事例　小学校5年　社会：誇りと責任をもって伝えよう

　農業分野のまとめ学習です。子どもたちが「就農セミナー参加者」になるという，プロジェクト学習を行いました。

　最近新しく農業に就こうという人が増えています。そこで子どもたちに，新しく農業に就こうというグループと，先輩農家（農業の専門家）のグループになってもらいました。

　リサーチは，図書館の資料やインターネットを使って行いました。先輩農家グループの一つは，アイガモ農法に取り組んでいるという設定に，もう一つのグループは，沖縄で農業経営をしているという設定です。先輩農家が新規就農希望者に説明する場面を紹介しましょう。

　勇太たちは沖縄から来た農民を演じました。
「ハイサイ」
と挨拶した彼らは，熱意たっぷりに沖縄での農業を薦めます。
「沖縄は海もきれいだし，魚も美味しいです。米だけでなくゴーヤもつくれます。暖かいので米は二期作ができます。1年に2回米をつくって新潟をぬきましょう！」
と訴えました。

　一方，アイガモ農法を主張したグループは質問に対する答えが見事でした。
Q：アイガモは逃げないんですか？
A：逃げないようにネットをしています。
Q：アイガモが稲を食べることはないんですか？
A：稲がある程度大きくなってから放すので，雑草だけを食べます。米がとれるころになると，アイガモは放しませんから安心です。

おわりに

アクティビティの運用能力を高めて，深みのある授業を！

「はじめに」で，

　豊かな学びを成立させるには，学習ツール（道具）の活用が不可欠です。その学習ツールがアクティビティです。

と述べました。

　多くの皆様に本書で紹介したアクティビティを試して，活発でしかも深みのある授業をつくっていっていただきたいと思います。

　ただし，アクティビティをやりさえすれば，すぐに豊かな授業が実現するというものではありません。どんなによい道具でも，使う人のスキルと創造性が求められます。初めは手探りでも，徐々に経験を重ねてアクティビティの運用能力を高めていくことが大切です。

　教師がアクティビティを運用する力をつけていく道筋を，渡部淳（日本大学教授）は次のような段階として表しています。

フェーズ１：個々のアクティビティの働きや効果について教師が十分知ること。

フェーズ２：アクティビティを組み合わせて，１時間なり１学期間なりの授業をデザインできること。

フェーズ３：実際の授業でアクティビティを効果的に運用できること。

フェーズ４：教育内容，教室環境，子どもの状況など諸条件に合わせて教師がオリジナルなアクティビティを創造すること。

渡部によれば，多くの教師にとって，フェーズ1から2への移行はそれほど困難ではないとします。しかし，2から3の間には大きな隔たりがあり，相当な実践の積み重ねと工夫が必要だと述べています。

　本書を読む皆さんもアクティビティの実践を重ねることで，運用能力を高めていっていただけたらと思います。

　さて，1990年から獲得型教育を提唱してきた渡部淳先生は，残念なことに本書を準備していた2020年1月に急逝されました。本書を今は亡き渡部先生に捧げます。

　最後に，本書をつくるにあたって企画の段階からさまざまなアドバイスをいただいた明治図書の赤木恭平さんに，心からお礼を申し上げます。

獲得型教育研究会

獲得型教育ブックガイド

『学びを変えるドラマの手法』

(渡部淳＋獲得型教育研究会（編）2010年，旬報社)

　ドラマの手法を通して深く豊かな学びの世界をつくることを目指します。基本アクティビティとして６つの「コア・アクティビティ」と10の「よく使われるアクティビティ」を，実践事例とともに紹介しています。獲得型教育を知るための基本文献です。

『学びへのウォーミングアップ　70の技法』

(渡部淳＋獲得型教育研究会（編）2011年，旬報社)

　豊かな学びが実現するためには，生徒と生徒，生徒と教師の関係が温かいものでなければなりません。子どもたちが，「思いを声に出す勇気，動き出せる身体」をもてるような「場」をつくり出す70のアクティビティを紹介しています。

『教育プレゼンテーション　目的・技法・実践』

(渡部淳＋獲得型教育研究会（編）2015年，旬報社)

　教育のさまざまな場面で使えるプレゼン技法30を網羅しています。各プレゼンの特長にもとづいて「ことばモード」「ものモード」「身体モード」に分類され，実践例も掲載してわかりやすく説明しています。

『アクティブ・ラーニングとは何か』

(渡部淳（著）2020年，岩波書店)

　獲得型教育はアクティブ・ラーニングを目指した教育方法です。アクティブ・ラーニングとはいったい何か，その背景にある思想，アクティブ・ラーニングが定着するために必要な条件など総合的に述べられています。

執筆者一覧 (五十音順)

第1章：本書編集委員

初海　　茂 (元東京都中学校　教諭)

宮崎　充治 (弘前大学　教授)

両角　桂子 (武南高等学校　教諭)

渡部　　淳 (日本大学　教授)

第2章

栗原　　茂 (八王子市立陶鎔小学校　教諭)

小菅　望美 (高崎市立北部小学校　教諭)

関根　真理 (啓明学園中学校高等学校　教諭)

早川　則男 (中村中学校・高等学校　教諭)

藤牧　　朗 (目黒学院中学校・高等学校　教諭)

和田　俊彦 (跡見学園中学校高等学校　教諭)

渡邉　千景 (桐朋女子中学校・高等学校　教諭)

授業実践素材提供者

バヤスガラン・オユンツェツェグ，加藤真利江，川上広美，
川島早織，島田晶子，武田智絵，初海　茂，
林　久博，福山一明，三浦聡徳，宮崎充治，山中麻記子

【監修者紹介】

宮崎　充治（みやざき　みちはる）
弘前大学教授（演劇的教育，教育方法，教師教育）。1961年生まれ。小学校教員を経て現職。演劇教育，演劇を活用したドラマ教育を研究している。「ドラマワークで物語を読み，ひらき，つながる」渡部淳編『教育におけるドラマ技法の探究』明石書店，2014

【編著者紹介】

獲得型教育研究会（かくとくがたきょういくけんきゅうかい）
「参加型アクティビティの体系化」と「教師研修プログラムの開発」を目的として2006年に創設。小学校から大学までの教員，NPO関係者など約50名で構成されている。
（代表代行：宮崎充治）
HP　https://www.kakutokuken.jp/

〔本文イラスト〕木村美穂

授業づくりサポートBOOKS
小学校　中学校
授業で使えるドラマ技法&アクティビティ50

2020年8月初版第1刷刊 ©監修者	宮　崎　充　治
編著者	獲 得 型 教 育 研 究 会
発行者	藤　原　光　政
発行所	明治図書出版株式会社

http://www.meijitosho.co.jp
（企画）赤木恭平（校正）高梨　修
〒114-0023　東京都北区滝野川7-46-1
振替00160-5-151318　電話03（5907）6701
ご注文窓口　電話03（5907）6668

＊検印省略　　　　　組版所　中　央　美　版

本書の無断コピーは，著作権・出版権にふれます。ご注意ください。

Printed in Japan　　　　　ISBN978-4-18-296815-0
もれなくクーポンがもらえる！読者アンケートはこちらから